国家精品课程系列教材

国家精品资源共享课程系列教材

U0791580

赢在起点
会计学基础仿真实验

——会计循环与信息化流程（第二版）

潘 琰 主 编

欧凌燕 副主编

中国财经出版传媒集团

经济科学出版社

Economic Science Press

图书在版编目（CIP）数据

赢在起点：会计学基础仿真实验：会计循环与信息化流程/潘琰主编．—2 版．—北京：经济科学出版社，2021.1（2023.1 重印）
国家精品课程系列教材
ISBN 978－7－5218－2204－5

Ⅰ．①赢…　Ⅱ．①潘…　Ⅲ．①会计学－高等学校－教材　Ⅳ．①F230

中国版本图书馆 CIP 数据核字（2020）第 254117 号

责任编辑：于海汛　李　林
责任校对：隗立娜
责任印制：李　鹏　范　艳

赢在起点
会计学基础仿真实验
——会计循环与信息化流程（第二版）
潘　琰　主　编
欧凌燕　副主编
经济科学出版社出版、发行　新华书店经销
社址：北京市海淀区阜成路甲 28 号　邮编：100142
总编部电话：010－88191217　发行部电话：010－88191522
网址：www.esp.com.cn
电子邮箱：esp@esp.com.cn
天猫网店：经济科学出版社旗舰店
网址：http：//jjkxcbs.tmall.com
北京密兴印刷有限公司印装
710×1000　16 开　20.75 印张　350000 字
2021 年 1 月第 2 版　2023 年 1 月第 2 次印刷
ISBN 978－7－5218－2204－5　定价：42.00 元
（图书出现印装问题，本社负责调换。电话：010－88191510）

前　　言

本实验教程是国家精品课和国家精品资源共享课《会计学原理》的系列配套教材之一，它是在完成《会计学原理》或《会计学基础》课程教学的基础上，为了进一步加深学生对会计学原理的理解，培养其对会计实务的认知，加强学生动手能力训练而设计的仿真模拟实验。该教程提供的实验资料按照某制造企业12月份简化后的经济业务进行编排。书中提供了经济业务发生时所能获得的原始凭证和全部会计业务处理所需采用的账证表资料。要求学生在教师指导下，在教学计划规定的课时内完成对公司经济业务的分析、确认、计量、记录和报告等一系列会计业务处理工作。学生可以系统演练经济业务的分析、确认、原始凭证的填制和审核，直至填制记账凭证、开设账户、登账、成本计算、财产清查、结账、试算平衡、编制财务报表等整个会计流程的业务处理。本书所提供的是会计学的基础性实验，通过实验学生能够初步系统掌握会计循环相关阶段的核算方法、核算程序、核算技巧。手工仿真实验完成后，通过上机实验，掌握会计信息化流程，掌握财会软件的系统管理、熟悉企业账套，学会处理企业日常经营业务和编制电子财务报表。最后，通过撰写个人实验报告，总结实验演练心得。完成本实验后，学生应当对会计循环中的相关原理性知识进一步融会贯通，提高会计基础知识的应用技能，并为后续会计课程学习打下良好基础。

本实验教程的特色主要表现在：

1. 实验教程与《会计学原理》理论教学内容紧密相连，目的是让学生按照会计实战要求掌握会计核算方法和账务处理流程。

2. 为了体现与会计实务的一致性，本实验不再采用传统习题方式，而是采用实务仿真形式，提供经济业务发生后企业所获得的各种原始凭证资料，由学生对所取得的原始凭证进行分析，初步培养独立处理经济业务的能力。

3. 实验资料提供的相关期初资料齐全，学生所用的原始凭证、账簿和报表均取材于实务，与当前企业实务所用的账证表格式保持一致。

本实验教程是在潘琰主编的《会计学原理实验：基础仿真演练》（经济科学出版社2008年版）、《赢在起点：会计学原理仿真实验》（经济科学出版社2010年版）和《赢在起点：会计学基础仿真实验——会计循环与信息化流程》（经济科学出版社2015年版）的基础上修改而成。本次修订工作仍由潘琰教授担任主编，负责总体修改方案的制定、修订和总纂定稿，欧凌燕任副主编。修订工作由潘琰、欧凌燕完成。实验教材（2015年版）经过五年多的使用和收集反馈意见，我们结合迄今会计法规和税收法规的新变化，对实验的业务资料、凭证、报表和会计科目等相应部分进行了修改，对业务发生的时间和相应凭证、单表变化等均进行了修订，希望新的版本能够更便于教学，使学生和教师都感到易学好用，取得预期的实验效果。

我们衷心感谢经济科学出版社的编辑和出版团队为本教材修订再版付出的辛勤劳动，衷心期待读者和使用本教材的师生提出宝贵意见。

潘　琰

2020年10月于福州

目　　录

第一篇　实验概论

第二篇　会计循环手工实验

第四篇　实验总结篇

第一篇　实 验 概 论

第一章

概　　述

《赢在起点：会计学基础仿真实验》是面向所有学习过《会计学原理》课程的学生进行后续《会计学原理实验》课程学习时使用的配套教材。本书主要针对会计基本理论、基本知识和基本方法的应用，对学生进行仿真实验教学演练。

一、实验设计理念

由于会计是一门应用性、操作性和规范性极强的学科，因此想要更深入地理解会计学原理，既需要理性认识的支撑，也需要感性认识的补充。会计学原理仿真实验作为会计学入门课程最基本的技能训练，是会计学教学中极为重要的环节。通过会计原理的仿真实验，能够使学生掌握会计业务最基本的流程和专业技能，培养规范的会计行为，养成良好的工作习惯，从而获得初步的全面的感性认识。

本实验通过模拟一个小型制造型企业 12 月份的经济业务，将《会计学原理》课程所涉及的基本知识点“串联”起来，通过实验，向学生们展示了从填制与审核会计凭证、设置会计科目、复式记账、登账、成本计算、财产清查和编制财务报表等会计核算方法的具体应用，从而使学生能进一步深化对会计核算组织程序的理论认识，同时掌握核算方法的基本技能和技巧，将《会计学原理》所涉及的理论知识和会计实务有机地结合起来，将感性认识和理性认识相结合，以验证和加深对会计的基本知识和方法的理解。

二、实验依据

财务会计是现代会计的重要分支，它主要通过定期编制财务报告，向外部会计信息使用者提供企业一定期间的财务状况、经营成果和现金流量的变动情况。

使相关利益方能够及时地、准确地了解到企业的生产经营情况，从而能够对企业的经营状况做出准确判断。作为投资者，可能对很多企业进行了投资，或者正打算对某些企业进行投资，他们可能需要比较不同企业的经营情况，从而做出最优决策。为了满足投资者的这种比较需要，不同企业对外所提供的财务会计信息就需要具有可比性，这就要求会计人员在生成财务会计信息的过程中遵守共同的规范。目前，有关财务会计的规范有《中华人民共和国会计法》《企业会计准则》《企业会计制度》等。

本实验要求学生在实验过程中，必须遵守《中华人民共和国会计法》《企业会计准则》《企业会计制度》《会计基础工作规范》的要求，依规设置会计账簿，并保证其真实、完整。演练者必须根据实际发生的经济事项进行会计核算，填制会计凭证，登记会计账簿，编制财务会计报告，这些经济业务包括款项和有价证券的收付，财物的收发、增减和使用，债权债务的发生和结算，资本的增减，收入、支出、费用、成本的计算，财务成果的计算和处理等。

会计核算应当遵守《企业会计准则——基本准则》和《企业会计制度》的要求，以人民币作为记账本位币，以权责发生制作为确认和计量的基础，最终产生的会计信息要符合会计信息质量的要求，具有可靠性、相关性、可理解性、可比性、实质重于形式、重要性、谨慎性、及时性等特征。演练者在本实验中应当以实际发生的交易或事项为依据进行会计确认、计量、记录和报告；要认真分析原始凭证，如实反映符合确认和计量要求的各项会计要素及其他相关信息，保证会计信息真实可靠、内容完整；最终生成的会计信息应当清晰明了，不得省略或错报会计信息；要及时确认、计量、记录和报告，不得提前或延后结账；确认中应满足各项会计要素的定义和确认的条件，计量中采用历史成本计量属性；根据财务报表列报准则的要求编制财务报表；实验报告应当文笔流畅，文理顺通，易于理解。

实验中应严格遵守会计工作规范，遵守职业道德，养成良好的职业品质、严谨的工作作风，严守工作纪律，努力提高工作效率和工作质量。运用掌握的会计信息和会计方法，思考会计如何为改善单位内部管理、提高经济效益服务。演练操作要按照财政部首次于1996年发布的《会计基础工作规范》（2019年3月14日修订）的要求进行。本实验在后续每一章中都提出了具体的实验要求。

三、实验特点

1. 仿真性。

本实验以单、证、账、表的形式，将企业经济业务真实形象地“复制”设计出来，要求学生必须对原始凭证进行分析、审核，了解其所反映的经济业务，达到模拟实务的目的。

2. 趣味性。

由于本实验教程没有提供任何文字表述的经济业务，仅以各种原始凭证说明所发生的经济业务内容。学生应根据书中提供的原始资料，编制记账凭证并登记会计账簿，进行财产清查，最后编制财务报表。这一系列操作活动和程序与企业会计实务基本一致，与传统会计教学中所作的习题有着显著区别，学生将因“身临其境”而自觉融入“会计”角色，有助于其增强学习兴趣，提高学习积极性。

3. 完整性。

本实验以一个制造企业的经济业务为主线，有机地贯穿章节实验，由浅入深，由局部到全体，遵循循序渐进的教学规律，使学生对企业会计核算的全部过程有一个比较清晰的思路和完整系统的认识。

四、实验要求

会计作为一种对企业生产经营活动进行核算与监督的价值管理活动，其生命力来源于健全的组织结构、严格的规章制度和全体员工崇高的职业道德。会计人员应当依据有关法律、法规的相关规定，加强会计基础工作，严格执行会计法规制度，保证会计工作依法有序地进行。

本实验对学生的要求主要有以下几点：

首先，在会计实验工作中学生应当遵守职业道德，树立良好的职业品质、严谨的工作作风，严守工作纪律，努力提高工作效率和工作质量，实事求是、客观公正。

其次，学生应当熟悉财经法律、法规和规章，应当按照会计法律、法规和国家统一会计制度规定的程序和要求进行业务处理，保证所提供的会计信息合法、真实、准确、及时、完整。

最后，会计凭证、会计账簿、财务报表和其他会计资料的内容和要求必须符合会计制度的规定，不得伪造、变造会计凭证和会计账簿，不得设置账外账，不得报送虚假财务报表。

五、核算流程

会计核算流程是记账和产生会计信息的基本步骤和方法，采用适当的会计核算流程，科学地组织记账工作是做好一切会计工作的关键。它对于提高会计工作质量和效率，以及加强会计管理，正确、及时地提供会计信息具有重要的现实意义。

采用适当的会计核算流程，科学地组织记账工作，可使企业日常会计核算工作按规定的程序有条不紊地进行，有利于会计人员合理分工协作，加强岗位责任，明确责任，健全企业内部控制制度，预防和杜绝各种错弊，从而有助于提高会计信息的真实性，提高会计核算工作质量。同时，会计核算流程的确定合理地解决了从记账的准备工作到编制财务报表这一过程中会计工作的组织问题，能够尽可能地简化会计核算手续，避免多余环节，提高会计工作效率，节约核算成本。

目前较常用的会计核算流程有记账凭证核算组织程序和科目汇总表核算组织程序。

记账凭证核算组织程序是会计核算组织程序中最基本的一种，其主要特点是经济业务发生后，企业从外界取得原始凭证或需要内部自行填制原始凭证之时，会计人员应当对原始凭证进行审核，填制记账凭证（即在相应的会计凭证上做会计分录）；然后根据记账凭证登明细分类账，同时登总分类账；月末结账后，根据总账、明细账编制财务报表。采用记账凭证核算流程的优点是直接根据记账凭证登明细账和总账，简单明晰，出现登账错误时方便查对。但是，其缺点是登记总账的工作量比较大。

科目汇总表核算组织程序，其主要特点是平时的经济业务发生后，企业从外界取得原始凭证或需要内部自行填制原始凭证时，会计人员对原始凭证进行审核，填制记账凭证，然后根据记账凭证登明细分类账。会计人员平时先不登总账，只是定期将所有的记账凭证进行汇总，编制科目汇总表，会计期末再根据科目汇总表登记总分类账。月末结账后，根据总账、明细账编制财务报表。

本实验要求采用科目汇总表核算组织程序，因为该核算流程能够简化登记总账的工作，而且在登记总账前编制科目汇总表，起到了试算平衡的作用。科目汇总表核算组织程序的缺点是科目汇总表只反映了借、贷方的本期发生额合计，无法反映出各科目之间的对应，不利于经济活动的检查和分析。然而，采用该核算程序与本实验设计理念却有一致之处，即培养学生的细心和耐心，发现错误时学会如何认真地查对，掌握查对方法，而不仅仅是为了学会机械地登账。

科目汇总表核算流程如图 1 – 1 所示。

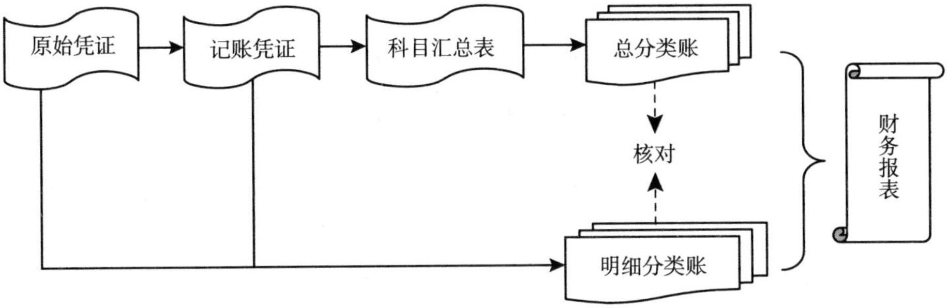

图1-1 科目汇总表核算流程

六、实验准备

按本实验的要求，演练者在完成各项模拟实验时需要做好如下实验准备工作。

（一）准备好实验用品

演练者在实验中除了要准备好实验必需的凭证、账簿等用品（见本书各实验章节所附）之外，还会用到以下实验用品或工具，必须事先做好准备：黑色或蓝色水笔、红色水笔、铅笔、橡皮、计算器、尺子、剪刀、胶水、燕尾夹、回形针或大头针、牛皮纸、装订机及装订线等。

（二）掌握正确的数字书写

在会计实务中，阿拉伯数字、汉字数字的书写都有相应的要求。在会计资料中，一个币种符号、一串数字、一个货币单位，连在一起体现一系列交易或事项的价值，也表现了会计书写的艺术。因此，阿拉伯数字、汉字数字的书写规范成为会计人员进行实务操作时必备的专业基本技能。那么，规范的手写阿拉伯数字应如何书写呢，同学们可以参照图1-2所示进行练习。

图1-2 手写体阿拉伯数字的写法

同时，在进行阿拉伯数字书写时应注意以下问题：

(1) 每个数字要大小匀称，笔画流畅，独立有形，不能连笔书写，要让读者一目了然。

（2）每个数字要紧贴底线书写，但上端不可顶格，其高度约占全格的1/2～2/3的位置，要为更正错误数字留有余地。除“6”“7”“9”外，其他数字高低要一致。书写数字“6”时，上端比其他数字高出1/4，书写数字“7”和“9”时，下端比其他数字伸出1/4。

（3）除“4”和“5”以外的数字书写时，必须一笔写成，不能人为地增加数字的笔画。

（4）不要把“0”和“6”、“1”和“7”、“3”和“8”、“7”和“9”书写混淆。书写“1”时，应将格子占满，不要写得太短，并保持倾斜度，以防改写，书写“6”时，下圆要明显，并将格子占满，书写“0”“6”“8”“9”时，圆圈必须封口。

（5）书写整数部分，可以从小数点向左按照“三位一节”用分位点“,”分开或加1/4空格分开。如8,541,630或8 541 630。

（6）书写每个数字排列有序，并且数字要有一定倾斜度。各数字的倾斜度要一致，一般要求上端一律向右顺斜45度到60度。

（7）书写数字时，各数字从左至右，笔画顺序是自上而下，先左后右，并且每个数字大小一致，数字排列的空隙应保持一定且同等距离，每个字上下左右要对齐，在印有数位线的凭证、账簿、报表上，每一格只能写一个数字，不得几个字挤在一个格里，更不能在数字中间留有空格。

（8）阿拉伯数字表示的金额为小写金额，书写时，应采用人民币符号“¥”。“¥”是“元”的汉语拼音首字母的缩写变形，它既代表了人民币的币制，又表示人民币“元”的单位。所以，小写金额前填写人民币符号“¥”以后，数字后面可不写“元”字。需要注意的是：“¥”与数字之间不能留有空格。书写人民币符号时，要注意“¥”与阿拉伯数字的明显区别，不可混淆。在填写会计凭证、登记会计账簿、编制财务报表时，数字必须要按数位填入，金额要采用“0”占位到“分”为止，不能采用划线等方法代替。

（9）保持个人的独特字体和书写特色，以防止别人模仿或涂改。

（三）书写错误的更正

在我们日常书写阿拉伯数字时难免出现错误。那么，当书写数字发生错误时在会计工作中应当如何进行更正呢？应当牢记的是：在会计工作中严禁采用刮、擦、涂改或采用药水消除字迹的方法改错，而应当采用规定的划线更正法进行书写错误更正。更正方法是将错误的数字全部用单红线划掉，并在错误的数字边加盖印章，而后在原数字上方对齐原位填写出正确的数字。正确的更正数字书写如表1－1所示。

表 1-1

现金日记账

年		凭证		摘要	对方科目	日页	借方金额	√	贷方金额	√	借或贷	余额	√
月	日	种类	号数				千百十万千百十元角分		千百十万千百十元角分			千百十万千百十元角分	
				承前页									
				略			略		略			7 5 5 3 1 2 ~~5 7 5 3 1 2~~	
												3 8 4 8 9 1 2 ~~4 8 4 8 9 1 2~~	

红色横线

朱珠

红色横线

（四）数字金额的大写

数字金额的大写分为数字（壹、贰、叁、肆、伍、陆、柒、捌、玖）和数位（拾、佰、仟、万、亿、元、角、分、零、整/正）两个部分。金额书写通常采用正楷或行书。

楷书	零	壹	贰	叁	肆	伍	陆	柒	捌	玖	拾	佰	仟	万	亿	元	角	分
行书	零	壹	贰	叁	肆	伍	陆	柒	捌	玖	拾	佰	仟	万	亿	元	角	分

另外，在书写时还应注意以下几点：

1. 汉字大写数字金额前若没有印制货币名称，应当加填货币名称，如“人民币”字样。“人民币”与金额首位数字之间不得留有空格，数字之间更不能留存空格，写数字与读数字的顺序要一致。

2. 人民币以元为单位时，只要人民币元后分位没有金额（即无角无分时，或有角无分），应在大写金额后加上“整”字结尾；如果分位有金额，在“分”后不必写“整”字。例如，58.69 元，写成人民币伍拾捌元陆角玖分。因其分位有金额，在“分”后不必写“整”字。又如，58.60 元，写成：人民币伍拾捌元陆角整。因其分位没有金额，应在大写金额后加上“整”字结尾。

3. 如果金额数字中间有两个或两个以上“0”字时，可只写一个“零”字。如金额为 800.10 元，应写为人民币捌佰元零壹角整。

4. 表示数字为拾几、拾几万时，大写文字前必须有数字“壹”字，因为“拾”字代表位数，而不是数字。例如 10 元，应写为：壹拾元整。又如 16 元，应写成：壹拾陆元整。

5. 大写数字不能乱用简化字，不能写错别字，如“零”不能用“另”代替，“角”不能用“毛”代替等。

6. 汉字大写数字不能用中文小写数字代替，更不能与中文小写数字混合使用。

（五）汉字大写数字发生错误时的订正方法

汉字大写数字写错或发现漏记，不能涂改，也不能用“划线更正法”，必须重新填写凭证。下面列举在书写大写金额时，容易出现的一些问题：

1. 小写金额为 6 500 元。

正确写法：人民币陆仟伍佰元整

错误写法：人民币：陆仟伍佰元整

错误原因：“人民币”后面多一个冒号

2. 小写金额为 3 150. 50 元。

正确写法：人民币叁仟壹佰伍拾元零伍角整

错误写法：人民币叁仟壹佰伍拾元伍角整

错误原因：漏写一个“零”字

3. 小写金额为 105 000. 00 元。

正确写法：人民币壹拾万零伍仟元整

错误写法：人民币拾万伍仟元整

错误原因：漏记“壹”和“零”字

4. 小写金额 60 036 000. 00 元。

正确写法：人民币陆仟零叁万陆仟元整

错误写法：人民币陆仟万零叁万陆仟元整

错误原因：多写一个“万”字

5. 小写金额 35 000. 96 元。

正确写法：人民币叁万伍仟元零玖角陆分

错误写法：人民币叁万伍仟零玖角陆分

错误原因：漏写一个“元”字

6. 小写金额 150 001. 00 元。

正确写法：人民币壹拾伍万零壹元整

错误写法：人民币壹拾伍万元另壹元整

错误原因：将“零”写成“另”，多出一个“元”字

（六）原始凭证的粘贴

记账凭证后面所附的原始凭证种类很多，为了便于以后的装订保管，在填制记账凭证的时候应对附件进行必要的外形加工。

过宽过长的附件，应进行纵向或横同的折叠。折叠后的附件外形尺寸，不应宽于和长于记账凭证，同时还要便于翻阅；附件本身不必保留的部分可以裁掉，但不得影响原始凭证的完整。

过窄过短的附件，不能直接装订时，应进行必要的加工再粘贴于专制的原始凭证粘贴纸上，然后再装订粘贴纸。原始凭证粘贴纸的外形尺寸与记账凭证相同，纸上应先印一个合适的方框，各种不须直接装订的原始凭证，按类别整齐地粘贴于粘贴纸的方框之内，不得超出。

粘贴时，应横向进行，从右向左，并应粘贴在原始凭证的左边，逐张左移，后一张右边压住前一张的左边，每张附件只粘左边的0.6厘米至1厘米，粘牢即可（如图1－3所示）。粘好以后，要捏住记账凭证的左上角，向下抖几下，看有没有未粘住或未粘牢的。如有原始凭证掉下来，应立即补贴上去。最后，应在粘贴单的空白处分别写出每一类原始凭证的张数、单位金额及总金额。如某人报销差旅费，报销单后面的粘贴单附有1元的市内公共汽车票20张，2元的公共汽车票12张，300元的火车票1张，20元的出租车票10张，560元的飞机票1张，就应分别在汽车票一类下面空白处注明 $1\times20=20$（元），$2\times12=24$（元），在火车票一类下面空白处注明 $300\times1=300$（元），在飞机票一类下面空白处注明 $560\times1=560$（元）。这样，万一将来原始凭证不慎失落，也很容易查明丢的是那一种票面的原始凭证，而且也为计算附件张数提供了方便。图1－3列示了会计记账凭证附件的粘贴方法。

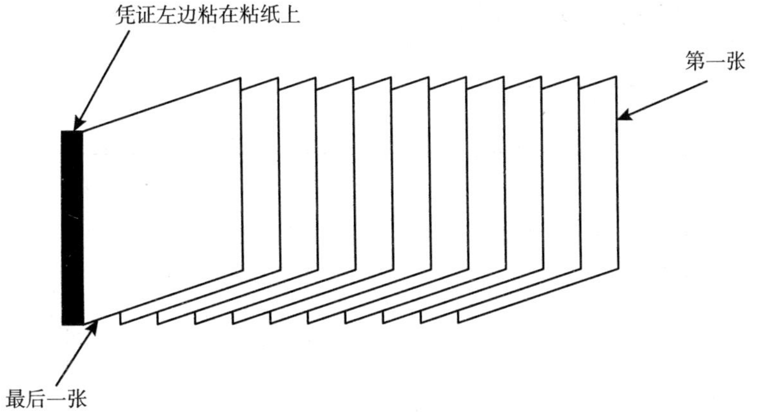

图1－3 会计记账凭证附件的粘贴方法

（七）会计凭证的装订

会计凭证的装订应按以下程序进行：

1. 整理记账凭证，摘掉凭证上的大头针等，并将记账凭证按编号顺序码放。

2. 将记账凭证汇总表、银行存款余额调节表放在最前面，并放上封面、封底。

3. 在码放整齐的记账凭证左上角放一张 8×8 厘米大小的包角纸。包角纸要厚一点，其左边和上边与记账凭证取齐。

4. 过包角纸上沿距左边 5 厘米处和左沿距上边 4 厘米处包角纸上划一条直线，并用两点将此直线等分，再分别等分直线的两点处将包角纸和记账凭证打上两个装订孔，如图 1－4 所示。

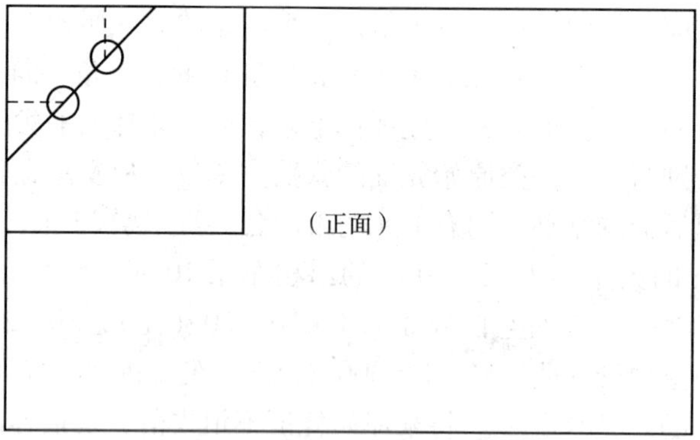

图 1－4　装订封皮步骤一的示意图

5. 用绳沿虚线方向穿绕扎紧，注意应结扎在背面。

6. 从正面折叠包角纸粘贴成（如图 1－5 所示），并将划斜线部分剪掉。

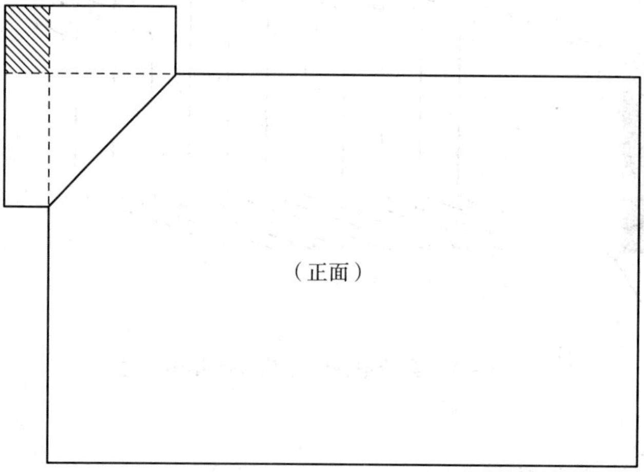

图 1－5　装订封皮步骤二的示意图

7. 将包角纸向后折叠粘贴成图 1 -6 形状。

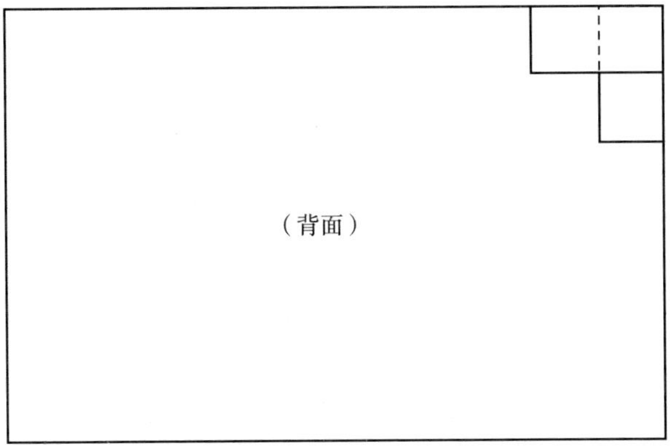

图 1 -6 装订封皮步骤三示意图

8. 将装订线印章盖于骑缝处，并注明年、月、日和册数的编号。

第二篇　会计循环手工实验

第二章

榕城公司的经济事项

一、实验目的

系统演练会计核算组织程序和基本方法，加深对基本理论、基本方法和基本技能的理解、掌握和运用，达到理论教学与会计实践的统一。

二、实验要求

1. 在实验操作中必须遵守《会计法》《会计工作基础规范》的要求，保证实验资料的正确性、及时性、整洁性、规范性；
2. 全部实验要求使用统一模拟的会计凭证、账页及财务报表；
3. 严格按规定填写会计凭证，登记账簿、修改错账和编制财务报表；
4. 实验完成后应将相关账、证、表装订成册；
5. 实验全部结束后撰写实验报告。

三、考核形式

提交装订成册的实验凭证、账簿、报表和实验报告。

四、操作指导

根据榕城公司2020年12月份的基本资料，按借贷记账法，采用科目汇总表的账务处理程序进行会计账务处理。其操作程序和具体要求如下：

1. 开设总分类账：根据本章“五、实验资料”第 1 点中总分类账户余额以及 12 月发生的业务记录开设总分类账户，并将余额记入各账户的余额栏内，摘要栏填写“期初余额”。

2. 开设明细分类账：根据本章“五、实验资料”第 2 点中明细分类账户余额开设明细分类账户及现金日记账、银行存款日记账，并将余额记入各该明细账户的余额栏内，摘要填写“期初余额”。

3. 根据原始凭证编制记账凭证。

4. 半月时根据记账凭证编制科目汇总表；同时根据科目汇总表登记总分类账。

5. 月末时根据总分类账和明细分类账的记录结账。

6. 将明细账及对应的总分类账的本期发生额、期末余额进行核对。

7. 根据会计账簿有关资料编制资产负债表、利润表、所有者权益变动表和现金流量表。

8. 提交装订好的会计凭证、总账账簿、明细分类账簿、财务报表以及实验报告。

五、实验资料

1. 榕城公司 2020 年 11 月 30 日总分类账账户余额如下：

科目代码	账户名称	借方余额	科目代码	账户名称	贷方余额
		期末数			期末数
1001	库存现金	465	2001	短期借款	110 000
1002	银行存款	95 225	2202	应付账款	19 800
1101	交易性金融资产	39 500	2203	预收账款	5 000
1122	应收账款	16 000	2241	其他应付款	800
1221	其他应收款	3 500	2211	应付职工薪酬	10 000
1402	在途物资	3 000	2221	应交税费	13 680
1403	原材料	24 440	2231	应付利息	150
5001	生产成本	5 000	1602	累计折旧	160 000
1405	库存商品	33 500	4001	实收资本	650 000
1601	固定资产	800 000	4101	盈余公积	74 390
1604	在建工程	180 000	4103	本年利润	85 750
			4104	利润分配	71 060
合计		1 200 630	合计		1 200 630

2. 榕城公司2020年11月30日有关明细账户余额如下：

（1）银行存款：

中国工商银行　95 225元　（账号13443100416）

（2）交易性金融资产：

华元公司股票	21 800元
利民公司股票	17 700元

（3）应收账款明细账：

光明公司	4 000元
阳光公司	2 000元
建阳公司	10 000元
合计	16 000元

（4）其他应收款：

差旅费　1 000元

保险费　2 500元（摊至2021年9月）

（5）在途物资：

B材料　3 000元（2 000千克，1.50元/千克）

（6）原材料：

A材料　6 440元（16 100千克，0.40元/千克）

B材料　18 000元（12 000千克，1.50元/千克）

（7）生产成本：

乙产品　5 000元

（其中，原材料1 200元，职工薪酬2 050元，制造费用1 750元）

（8）库存商品：

甲产品　13 500（400件）

乙产品　20 000（500台）

（9）固定资产明细账：

办公楼　250 000元
（2012年7月12日开始使用，估计寿命35年，残值17 110元，月折旧额554.50元）

一车间厂房　400 000元
（2010年12月20日开始使用，估计寿命40年，残值40 000元，月折旧额750元）

一车间生产线　150 000元
（2019年11月5日开始使用，估计寿命10年，残值4 500元，月折旧额1 212.50元）

（10）累计折旧：

办公楼	55 450 元
一车间厂房	90 000 元
一车间生产线	14 550 元
合计	160 000 元

（11）在建工程：

二车间厂房	180 000 元

（12）短期借款：

30 000 元（2020 年 10 月 25 日向工行借入，期限 10 个月，年利率 5%）

80 000 元（2020 年 11 月 30 日向工行借入，期限 12 个月，年利率 5%）

（13）应付账款明细账：

汉明厂	4 800 元
明阳厂	8 000 元
来宜厂	7 000 元
合计	19 800 元

（14）预收账款：

新煌厂	5 000 元

（15）其他应付款：

华清厂押金	800 元

（16）应交税费：

应交增值税（销项税额）	23 400 元	
（进项税额）	9 600 元	（借方余额）
（已交税金）	1 800 元	（借方余额）
（转出未交增值税）	12 000 元	（借方余额）
未交增值税	12 000 元	
应交城建税	840 元	
应交教育费附加	480 元	
应交社会事业发展费	360 元	
合计	13 680 元	

（17）实收资本：

曾亮	300 000 元
张广	350 000 元
合计	650 000 元

（18）盈余公积：

法定盈余公积	74 390 元

（19）1~11 月本年累计发生额：

主营业务收入——甲产品	320 000 元
——乙产品	280 000 元
合计	600 000 元
主营业务成本——甲产品	220 000 元
——乙产品	202 550 元
合计	422 550 元
税金及附加——教育费附加	2 100 元
——城建税	4 900 元
——社会事业发展费	1 200 元
合计	8 200 元
管理费用——办公费	14 726 元
——招待费	10 000 元
——水电费	7 624 元
——折旧费	6 100 元
——工资福利	6 650 元
合计	45 100 元
销售费用——广告费	5 000 元
——运输费	6 000 元
——展览费	4 000 元
——工资福利	20 000 元
合计	35 000 元
财务费用——利息支出	5 000 元
——利息收入	2 000 元（贷方发生额）
——手续费	400 元
合计	3 400 元

（20）库存现金、应付利息、本年利润、利润分配明细账余额与总账余额一致。

3. 假设榕城公司生产的产品期末全部完工入库，无在产品；按“先进先出法”结转已销产品成本，2020 年 12 月份发生如下经济业务：

业务 1

基本建设项目竣工决算表

承建单位：洪民建筑公司　　　　日期 2020 年 12 月 1 日

项目全称		二车间厂房		核定计划金额		180 000 元	
验收日期		2020 年 12 月 1 日		决算金额		180 000 元	
使用日期		2020 年 12 月 1 日		增加（+）或减少（-）			
项目全称	规格	单位	数量	金额	可使用年限	残值	折旧率
厂房	平房	栋	1	180 000	20	2 000	5%
使用单位：本项目已办妥使用手续，并按照决算价值列固定资产。 财务部门负责人：李鹏飞				验收部门： （印章：榕城有限责任公司） 负责人：王大公			

业务 2

榕城公司领料单

领料部门：一车间　　　　验收日期 2020 年 12 月 1 日　　　　编号：9840

材料		单位	数量		单价	总价								过账
名称	规格		请领	实发		十	万	千	百	十	元	角	分	
原材料	A 材料	千克	5 000	5 000	0. 40		¥	2	0	0	0	0	0	
工作单号		用途	用于甲产品生产											
工作项目														

第三联　会计部门记账

会计　　　　记账　　　　发料 王杰　　　　主管 朱珠　　　　领料 李翔

业务 3

榕城公司材料验收单

材料类型：材料类　　　　验收日期 2020 年 12 月 2 日　　　　验收：字 8449 号

发票号码	名称	规格	单位	购进			验收		
				数量	单价	金额	数量	单价	金额
	原材料	B 材料	千克	2 000	1. 48	2 960	2 000	1. 50	¥3 000
供货单位	汉明厂			运杂费	¥40	采购员姓名		李宏	
备注				合计	¥3 000	附单据			

第二联：此联交会计科记账

销科长　　　　仓库会计　　　　保管员 林喜　　　　复核 房舒　　　　制单 袁依

业务4－1

收　　据

2020年12月3日

收款单位	榕城公司
用途	增加投资
金额	人民币（大写）伍万元整　　（小写）¥50 000.00
交款人	曾亮

（印章：榕城有限责任公司 财务专用章）

单位负责人　　　　会计　　　　制单

业务4－2

中国工商银行进账单（回单或收账通知）

进账日期2020年12月3日　　　　第2540号

收款人			付款人		
	全称	榕城公司		全称	曾亮
	账号	13443100416		账号	
	开户银行	民生街银行办事处		开户银行	

人民币（大写）伍万元整	千	百	十	万	千	百	十	元	角	分
			¥	5	0	0	0	0	0	0

票据种类	转账支票	
票据张数	1	收款人开户银行签章
单位主管　会计　复核　记账		

（印章：中国工商银行江州市民生街办事处 2020.12.03 业务清讫 (05)）

此联是收款开户行给收款人的回单或收账通知

业务4－3

增资协议书

协议甲方：榕城公司

协议乙方：曾亮

根据《中华人民共和国公司法》、榕城公司《章程》及2020年12月1日公司董事会决议，股东曾亮、张广一致同意增加公司注册资金，具体事项协议如下：

1. 榕城公司的注册资本金由65万元人民币增加到70万元人民币；
2. 所增资本金5万元人民币由原股东曾亮以现金形式出资。

投资各方签字盖章：

甲方：榕城公司（盖章）	乙方：曾亮
授权代表：（签字）	授权代表：（签字）
日期：2020年12月3日	日期：2020年12月3日
签字地点：榕城公司会议室	

（印章：榕城有限责任公司）

业务 5

榕城公司领料单

领料部门：一车间　　　　验收日期 2020 年 12 月 5 日　　　　编号：9840

材料		单位	数量		单价	总价								过账
名称	规格		请领	实发		十	万	千	百	十	元	角	分	
原材料	B 材料	千克	8 000	8 000	1.50	¥	1	2	0	0	0	0	0	
工作单号		用途	用于乙产品生产											
工作项目														

第三联　会计部门记账

会计　　　记账　　　发料 林慕　　　主管 房舒　　　领料 袁依

业务 6

中国工商银行转账支票（回单）

签发日期 2020 年 12 月 8 日　　　　号码：9331

收款单位	全称	汉明厂	付款单位	全称	榕城公司
	账号	23057123059		账号	13443100416
	开户银行	工行民生街办事处		开户银行	工行民生街办事处
金额	人民币（大写）肆仟捌佰元整		金额	人民币（小写）¥4 800.00	
用　途	归还购货款				
签　章			付款单位开户银行盖章 2020 年 12 月 8 日		

中国工商银行江州市民生街办事处
2020.12.08
业务清讫
（07）

退付款单位会计记账

业务 7

福建省税库行横向联网电子缴税（费）凭证

征收机关：　　　　　　　　　　　　　　收款国库：

转账日期：2020 年 12 月 8 日　　　　　　凭证字号：

纳税人识别码（电脑编码）	350101220003156251	纳税人账户名称	民生街办事处	
纳税人名称	榕城公司	纳税人账号	13443100416	
税款限缴日期	2020 年 12 月 10 日	纳税人开户银行		
缴款书交易流水号	预算科目代码	预算级次	税种科目	实缴金额
			增值税	12 000
			城建税	840
			教育费附加	480
			社会事业发展费	360
纳税合计金额人民币（大写）壹万叁仟陆佰捌拾元整			小写：￥13 680	
税款所属期：2020 年 11 月 1 日 ~2014 年 11 月 30 日 上列款项已划缴。扣款日期：2020 年 12 月 8 日 第　次打印			税票号码： 银行盖章： 打印时间：	

江州市税务局 051号 征税专用章

中国工商银行江州市民生街办事处 2020.12.08 业务清讫 (03)

备注：1. 该凭证一式二联，一联为付款行记账凭证，一联由开户行盖章后作为付款单位（人）的回单，无银行收讫章无效；

2. 国税部门填写纳税人识别码，地税部门填写电脑编码；

3. 凭证大小：14.85 厘米 * 21 厘米。

业务 8

中国工商银行借款凭证（代回单）

编号 8011　　　　　　　　　日期：2020 年 12 月 10 日　　　　　　　　　对方科目

借款单位名称		榕城公司	放款账号	7 ~ 18	往来账号	13443100416						
借款金额		人民币（大写）壹拾万元整			十	万	千	百	十	元	角	分
					1	0	0	0	0	0	0	0
种类	生产周转借款	单位提出期限	自 2020 年 12 月 10 日起 至 2020 年 12 月 10 日止		利率		5%					
		银行核定期限	自 2020 年 12 月 10 日起 至 2020 年 12 月 10 日止									
上列借款已收入你单位往来户内 此致 单位（银行签章）			单位会计分录									

中国工商银行江州市民生街办事处 2020.12.10 业务清讫 (07)

第四联　交借款单位

业务 9－1

中国工商银行转账支票（回单）

签发日期 2020 年 12 月 11 日　　　　号码：9332

收款单位	全称	来宜厂	付款单位	全称	榕城公司
	账号	22583316529		账号	13443100416
	开户银行	立新办事处		开户银行	工行新街分理处
金额	人民币（大写）壹仟捌佰零贰元捌角零分		金额	人民币（小写）￥1 802. 80	
用　途			货款和运杂费		
签　章	中国工商银行江州市民生街办事处 2020.12.11 业务清讫 (03)		付款单位开户银行盖章 2020 年 12 月 11 日		

退付款单位会计记账

业务 9－2

增值税专用发票

全国统一发票监制章

开票日期：2020 年 12 月 11 日　　　　No. 0757621

购货单位	名称	榕城公司	纳税人登记号	350102800313006
	地址、电话		开户银行及账号	工行长潭分理处 13443100416

商品或劳务名称	计量单位	数量	单价	金额 百	十	万	千	百	十	元	角	分	税率（%）	税额 百	十	万	千	百	十	元	角	分
原材料—A	千克	4 000	0. 39			￥	1	5	6	0	0	0	13				￥	2	0	2	8	0
合计						￥	1	5	6	0	0	0					￥	2	0	2	8	0
价税合计	人民币（大写）壹仟柒佰陆拾贰元捌角零分　￥1 762. 80																					

销货单位	名称	来宜厂	纳税人登记号	430303199804180525
	地址、电话		开户银行及账号	22583316529 工行新街分理处

来宜制造厂 350100706127190 发票专用章

第四联：存根联

收款人：　　　　开票单位（未盖章无效）

业务 9－3

运费结算单

承运单位：来宜转运组　　　　2020 年 12 月 11 日

托运单位：榕城公司
运费金额：人民币（大写）肆拾元整　　　　（小写）¥40.00
货　　物：材料 10 件
验　　收：按单验收无误　　　　验收人签章：汪阳
财　　会：

来宜制造厂

已核销

业务 10－1

中国工商银行现金支票存根

支票号码Ⅻ Ⅲ 65989723

科　　目

对方科目

签发日期　2020 年 12 月 11 日

收款人：王　芳
金　额：1 200.00
用　途：旅差费
备　注：

单位主管　　　　会计

复　　核　　　　记账

业务 10－2

榕城公司借款单（存联）

2020 年 12 月 11 日　　　　第 210 号

姓名	王芳（一车间）
事由	参加生产技能交流会议
金额	人民币（大写）壹仟贰佰元整　　（小写）¥1 200.00
备注	同意借款 负责人：刘宏 2020 年 12 月 11 日

现金付讫

业务 11

中国工商银行进账单（回单或收账通知）

签发日期　2020 年 12 月 15 日　　　　　　第 2541 号

收款人	全称	榕城公司	付款人	全称	建阳公司
	账号	13443100416		账号	23054416055
	开户银行	民生街办事处		开户银行	南进路银行办事处

人民币（大写）壹万元整	千	百	十	万	千	百	十	元	角	分
			¥	1	0	0	0	0	0	0

票据种类	转账支票	中国工商银行江州市民生街办事处 2020.12.15 业务清讫 （03） 收款人开户银行签章
票据张数	1	
收回销货款，冲减“应收账款——建阳公司”账户		
单位主管　会计　复核　记账		

此联是收款人开户行给收款人的回单或收账通知

业务 12－1

榕城公司差旅费报销单

姓名：王芳　　　　　　　　　　　　2020 年 12 月 17 日

起止日期	起止地点	汽车费	火车费	途中补助	住宿费	住勤补助	杂费	合计	单据
12 月 12 日	略	21.00	261.00	6.00				288.00	2
12 月 12～16 日	住勤	已核销			350.00	50.00	204.00	604.00	3
12 月 17 日	略	21.00	261.00	6.00				288.00	2
合计		42.00	522.00	12.00	350.00	50.00	204.00	1 180.00	7
合计核销金额人民币（大写）壹仟壹佰捌拾元整　　¥1 180.00									

领导签字：王毅生　　　　　　　　　　2020 年 12 月 17 日

业务 12－2

榕城公司现金收据

2020 年 12 月 17 日

今收到　王芳 人民币　（大写）贰拾元整（小写）¥20.00 系　据　差旅费余款 单位盖章　（榕城有限责任公司） 现金收讫 经手人：刘敏	备注： 王芳原借款 1 200 元冲减。

业务 13

闽江文化用品商店发票

购货单位：榕城公司　　2020 年 12 月 18 日　　No. 21380

品名	规格	单位	数量	单价	金额	备　注
广告颜料		瓶	6	5.00	30.00	广告墙报用 现金付讫
排笔		支	5	3.00	15.00	
宣纸		张	200	0.50	100.00	
合计：人民币（大写）壹佰肆拾伍元整				￥145.00		

闽江文化用品商店 350200447040411 发票专用章

第二联　购买单位收执

填单：王宏

✂- -

业务 14－1

中国工商银行转账支票（回单）

签发日期 2020 年 12 月 19 日　　号码：9334

收款单位		付款单位	
全称	交通广播电台广告科	全称	榕城公司
账号	20551423541	账号	13443100416
开户银行	湖滨办事处	开户银行	工行民生街办事处
金额	人民币（大写）伍仟元整	金额	人民币（小写）￥5 000.00
用　途		付广告费	
签　章		付款单位开户银行盖章	2020 年 12 月 19 日

中国工商银行江州市民生街办事处　2020.12.19　业务清讫　（04）

退付款单位会计记账

✂- -

业务 14－2

交通广播电台收据

2020 年 12 月 19 日

交款单位：　榕城公司

金额：人民币（大写）伍仟元整　　（小写）￥5 000.00

用途：　本月广告费

江州市交通广播电台　　收款人盖章

江州市交通广播电台 350200451070428 财务专用章

业务 15

增值税专用发票

（全国统一发票监制章 国家税务局监制）

开票日期：2020 年 12 月 19 日　　　　No. 0757603

购货单位	名称	光明公司	纳税人登记号	350103200105160875
	地址、电话		开户银行及账号	工行长潭分理处 22083146218

商品或劳务名称	计量单位	数量	单价	金额									税率（%）	税额								
				百	十	万	千	百	十	元	角	分		百	十	万	千	百	十	元	角	分
甲产品	件	200	60		¥	1	2	0	0	0	0	0	13			¥	1	5	6	0	0	0
乙产品	台	500	75		¥	3	7	5	0	0	0	0	13			¥	4	8	7	5	0	0
合计					¥	4	9	5	0	0	0	0				¥	6	4	3	5	0	0
价税合计	人民币（大写）零佰零拾伍万伍仟玖佰叁拾伍元零角零分 ¥55 935.00																					

销货单位	名称	榕城公司	纳税人登记号	350101220003156251
	地址、电话		开户银行及账号	13443100416

（榕城有限责任公司 350101220003156251 发票专用章）

收款人：　　　　开票单位（未盖章无效）

第四联：记账联

业务 16－1

中国工商银行转账支票（回单）

签发日期　2020 年 12 月 27 日　　　　号码：9335

收款单位	全称	泰阳供电公司	付款单位	全称	榕城公司
	账号	15680014218		账号	13443100416
	开户银行	大卫路办事处		开户银行	工行民生街办事处
金额	人民币（大写）贰仟玖佰元整　人民币（小写）¥2 900.00				
用　途	付电费				
签　章	付款单位开户银行盖章　2020 年 12 月 27 日				

（中国工商银行福州市民生街办事处 2020.12.27 业务清讫（02））

退付款单位会计记账

业务 16－2

榕城公司内部结账单

2020 年 12 月 27 日

子目或户名	摘　　要	电表度数	金　　额
车间		1 650	
厂部		350	
合计金额（大写）		2 000	

业务 16－3

泰阳供电公司电费结算单

用户：榕城公司　　　　　　　　2020 年 12 月 27 日

用电量（度）	每度单价	金额（元）	备　　注
2 000	1.45	2 900.00	工业用电
金额（大写）	人民币贰仟玖佰元整	（小写）¥2 900	

（印章：泰阳供电公司 财务专用章）

第三联 交付款单位

业务 17－1

清江自来水公司水费结算单

用户：榕城公司　　　　　　　　2020 年 12 月 27 日

用水量（度）	每吨单价	金额（元）	备　　注
2 500	0.46	1 150.00	
金额（大写）	人民币壹仟壹佰伍拾元整	（小写）¥1 150	

（印章：江州自来水公司 财务专用章）

第三联 交付款单位

业务 17－2

中国工商银行转账支票（回单）

签发日期 2020 年 12 月 27 日　　　　　　号码：9336

收款单位	全称	清江自来水公司	付款单位	全称	榕城公司
	账号	15662018550		账号	13443100416
	开户银行	工行湖滨办事处		开户银行	工行民生街办事处
金额	人民币（大写）壹仟壹佰伍拾元整		金额	人民币（小写）¥1 150.00	
用　途	付水费				
签　章			付款单位开户银行盖章		2020 年 12 月 27 日

（印章：中国工商银行江州市民生街办事处 2020.12.27 业务清讫 （09））

退付款单位会计记账

业务 17－3

榕城公司内部结账单

2020 年 12 月 27 日

子目或户名	摘　　要	水表吨数	金　　额
车间		2 100	
厂部		400	
合计金额（大写）		2 500	

业务 18

榕城公司内部结账单

2020 年 12 月 31 日

子目或户名	摘　　要	金　　额
管理费用	厂部办公楼折旧	554.5
制造费用	车间生产线折旧	1 962.5
合计金额（大写）人民币贰仟伍佰壹拾柒元整		（小写）￥2 517.00

业务 19－1

榕城公司内部结账单

2020 年 12 月 31 日

子目或户名	摘　　要	金　　额
财务费用	计提本月银行借款利息	458.33
合计金额（大写）人民币肆佰伍拾捌元叁角叁分		（小写）￥458.33

业务 19 －2

榕城公司内部结账单

2020 年 12 月 31 日

子目或户名	摘　　要	金　　额
利息	冲 10、11 两个月预提借款利息	150.00
合计金额（大写）人民币壹佰伍拾元整　　　（小写）￥150.00		

业务 19 －3

中国工商银行贷款利息通知单（第一联：付款通知）

2020 年 12 月 31 日　　　　　　No. 5458

贷款	账号	13443100416	贷款种类	积数	利率	利息金额
	户名	榕城公司	流动资金贷款		5%	608.33
利息金额合计：（大写）人民币陆佰零捌元叁角叁分　　（小写）￥608.33						
计息期　第四季度	上列贷款利息已从贵单位存款账户如数支付，请即入账。					

中国工商银行江州市民生街办事处
2020.12.31
业务清讫
（05）

业务 20

中国工商银行存款利息通知单（第二联：收款通知）

2020 年 12 月 31 日　　　　　　No. 5462

存款	账号	13443100416	存款种类	积数	利率	利息金额
	户名	榕城公司	活期		1.98%	120.53
利息金额合计：（大写）人民币壹佰贰拾元伍角叁分　　（小写）￥120.53						
计息期　7～9 月	上列存款利息已从贵单位存款账户如数支付，请即入账。					

中国工商银行江州市民生街办事处
2020.12.31
业务清讫
（05）

业务 21

榕城公司内部结账单

2020 年 12 月 31 日

子目或户名	摘　　要	金　　额
制造费用	摊销生产设备财产保险费	250. 00
合计金额（大写）人民币贰佰伍拾元整	（小写）￥250. 00	

业务 22

榕城公司内部结账单

2020 年 12 月 31 日

子目或户名	摘　　要	金　　额
生产成本	本月应付生产甲产品工人薪酬	4 788. 00
生产成本	本月应付生产乙产品工人薪酬	3 205. 00
制造费用	本月应付车间管理人员薪酬	307. 80
管理费用	本月应付厂部管理技术人员薪酬	604. 20
销售费用	本月应付销售人员薪酬	3 000. 00
合计金额（大写）人民币壹万壹仟玖佰零伍元整	（小写）￥11 905. 00	

业务 23

榕城公司制造费用分配表

2020 年 12 月 31 日

产品名称	分配标准（按生产工人工资）	分配率%	分配金额（元）
合计			

第三联 会计记账

制表

业务 24

榕城公司产成品入库单

验收日期：2020 年 12 月 31 日　　　　No. 1216

编　号	名　称	单　位	数　量	单位成本	金　额
	甲产品	件	300		
	乙产品	台	600		
合计					

第三联　会计记账

保管员：　　　　制单：

业务 25

榕城公司销售产品生产成本计算表

2020 年 12 月 31 日

产品名称	销售数量	单位生产成本	金额
甲产品			
乙产品			
合计			

第三联　会计记账

业务 26

纳税申报表

2020 年 12 月 31 日

子目或户名	摘　要	金　额
	按应交增值税额 7% 计算城建税	
	按应交增值税额 3% 计算教育费费用	
	按销售收入 2‰计算社会事业发展费	
合计金额（大写）		（小写）¥

业务 27－1

榕城公司内部结账单

2020 年 12 月 31 日

子目或户名	摘　　要	金　　额
	主营业务收入转利润	
合计金额（大写）		（小写）￥

业务 27－2

榕城公司内部结账单

2020 年 12 月 31 日

子目或户名	摘　　要	金　　额
	主营业务成本转本年利润	
	营业税金及附加转本年利润	
	销售费用转本年利润	
	管理费用转本年利润	
	财务费用转本年利润	
合计金额（大写）		（小写）￥

业务 28

企业所得税纳税申报表

2020 年 12 月 31 日

子目或户名	摘　　要	金　　额
所得税费用	按本年利润总额 25% 计提	
合计金额（大写）		（小写）￥

业务29

榕城公司内部结账单

2020年12月31日

子目或户名	摘　　要	金　　额
	所得税费用转本年利润	
合计金额（大写）		（小写）¥

业务30

榕城公司内部结账单

2020年12月31日

子目或户名	摘　　要	金　　额
	本年利润转未分配利润	
合计金额（大写）		（小写）¥

业务 31

榕城公司内部结账单

2020 年 12 月 31 日

子目或户名	摘　　要	金　　额
提取法定盈余公积	按净利润 10% 计提法定盈余公积	
合计金额（大写）		（小写）¥

✂ -

业务 32

榕城公司内部结账单

2020 年 12 月 31 日

子目或户名	摘　　要	金　　额
曾亮	按净利润 10% 计算	
张广	按净利润 10% 计算	
合计金额（大写）		（小写）¥

第三章

会计凭证系统实验

一、实验目的

会计凭证系统实验旨在使学生掌握企业通用记账凭证的填制，掌握记账凭证的整理和装订方法。

二、实验工作规范

1. 会计人员要根据审核无误的原始凭证填制记账凭证，填制会计凭证，字迹必须清晰、工整。

2. 记账凭证的内容必须具备：填制凭证的日期；凭证编号；经济业务摘要；会计科目；金额；所附原始凭证张数；填制凭证人员、稽核人员、记账人员、会计机构负责人、会计主管人员签名或者盖章。收款和付款记账凭证还应当由出纳人员签名或者盖章。

3. 填制记账凭证时，应当对记账凭证进行连续编号。一笔经济业务需要填制两张以上记账凭证的，可以采用分数编号法编号。

4. 记账凭证可以根据每一张原始凭证填制，或者根据若干张同类原始凭证汇总填制，也可以根据原始凭证汇总表填制。但不得将不同内容和类别的原始凭证汇总填制在一张记账凭证上。

5. 除结账和更正错误的记账凭证可以不附原始凭证外，其他记账凭证必须附有原始凭证。如果一张原始凭证涉及几张记账凭证，可以把原始凭证附在一张主要的记账凭证后面，并在其他记账凭证上注明附有该原始凭证的记账凭证的编号或者附原始凭证复印机。一张复始凭证所列支出需要几个单位共同负担的，应当将其他单位负担的部分，开给对方原始凭证分割单，进行结算。原始凭证分割单必须具备原始凭证的基本内容：凭证名称、填制凭证日期、填制凭证单位名称或者填制人姓名、经办人的签名或者盖章、接受凭证单位名称、经济业务内容、数量、单价、金额和费用分摊情况等。

6. 如果在填制记账凭证时发生错误，应当重新填制。

7. 已经登记入账的记账凭证，在当年内发现填写错误时，可以用红字填写一张与原内容相同的记账凭证，在摘要栏注明"注销某月某日某号凭证"字样，同时再用蓝字重新填制一张正确的记账凭证，注明"订正某月某日某号凭证"字样。如果会计科目没有错误，只是金额错误，也可以将正确数字与错误数字之间的差额，另编一张调整的记账凭证，调增金额用蓝字，调减金额用红字。发现以前年度记账凭证有错误的，应当用蓝字填制一张更正的记账凭证。

8. 记账凭证填制完经济业务事项后，如有空行，应当自金额栏最后一笔金额数字下的空行处至合计数上的空行处划线注销。

9. 记账凭证应当连同所附的原始凭证或者原始凭证汇总表，按照编号顺序，折叠整齐，按期装订成册，并加具封面，注明单位名称、年度、月份和起讫日期、凭证种类、起讫号码，由装订人在装订线封签外签名或者盖章。

10. 对于数量过多的原始凭证，可以单独装订保管，在封面上注明记账凭证日期、编号、种类，同时在记账凭证上注明"附件另订"和原始凭证名称及编号。

11. 各种经济合同、存出保证金收据以及涉外文件等重要原始凭证，应当另编目录，单独登记保管，并在有关的记账凭证和原始凭证上相互注明日期和编号。

12. 原始凭证不得外借，其他单位如因特殊原因需要使用原始凭证时，经本单位会计机构负责人、会计主管人员批准，可以复制。向外单位提供的原始凭证复制件，应当在专设的登记簿上登记，并由提供人员和收取人员共同签名或者盖章。

三、实验操作程序

1. 根据第二章所提供的实验资料确认应做的会计分录，并填制通用记账凭证，要求基本要素应填列齐全。

2. 根据记账凭证做科目汇总表作为登总账的依据。

3. 每×天装订一本记账凭证。

4. 本实验要求演练者每半个月编制一次科目汇总表。1～15日科目汇总表合计数为378 482. 80元，16～31日科目汇总表合计数为409 507. 24元。[1]

① 利息收入可采用"财务费用"科目借方红字表示法，也可将其记入"财务费用"科目贷方，后者得出该数值。

四、实验资料

（一）记账凭证

1. 记账凭证式样。

记 账 凭 证

单位：　　　　　　　　　　　　　　年　　月　　日　　　　　　　　　字第　　号

摘要	总账科目	明细科目	借方										核对	贷方										核对
			千	百	十	万	千	百	十	元	角	分	符号	千	百	十	万	千	百	十	元	角	分	符号
结算方式及票号：		合计金额																						

附件　　张

会计主管　　　　记账　　　　稽核　　　　出纳　　　　制单　　　　领（缴）款人

2. 记账凭证填写样张。

记 账 凭 证

2009 年 12 月 5 日　　　　　　记 字第 003 号

摘要	总账科目	明细科目	借方										核对	贷方										核对
			千	百	十	万	千	百	十	元	角	分	符号	千	百	十	万	千	百	十	元	角	分	符号
收回销货款	银行存款	工行				3	0	0	0	0	0	0	✓											
	应收账款	汉明丁															3	0	0	0	0	0	0	✓
结算方式及票号：		合计金额			¥	3	0	0	0	0	0	0				¥	3	0	0	0	0	0	0	

附件 1 张

会计主管 李丹　记账 王浩　稽核 丁磊　出纳 孙林　制单 于晓　领（缴）款人

3. 实验用记账凭证（需要 50 张记账凭证）。

实验时演练者可使用以下空白记账凭证进行经济业务处理。记账凭证登记完成后可裁剪下来，并将相应的原始凭证附在后面。

记账凭证

单位：　　　　　　　　　　　　　　　　　年　　月　　日　　　　　　　　　字第　　号

摘要	总账科目	明细科目	借方										核对符号	贷方										核对符号
			千	百	十	万	千	百	十	元	角	分		千	百	十	万	千	百	十	元	角	分	
结算方式及票号：		合计金额																						

附件　　张

会计主管　　　记账　　　稽核　　　出纳　　　制单　　　领（缴）款人

记账凭证

单位：　　　　　　　　　　　　　　　　　年　　月　　日　　　　　　　　　字第　　号

摘要	总账科目	明细科目	借方										核对符号	贷方										核对符号
			千	百	十	万	千	百	十	元	角	分		千	百	十	万	千	百	十	元	角	分	
结算方式及票号：		合计金额																						

附件　　张

会计主管　　　记账　　　稽核　　　出纳　　　制单　　　领（缴）款人

记 账 凭 证

单位： 年 月 日 字第 号

摘 要	总账科目	明细科目	借 方										核对符号	贷 方										核对符号
			千	百	十	万	千	百	十	元	角	分		千	百	十	万	千	百	十	元	角	分	
结算方式及票号：		合 计 金 额																						

附件 张

会计主管 记账 稽核 出纳 制单 领（缴）款人

✂ -

记 账 凭 证

单位： 年 月 日 字第 号

摘 要	总账科目	明细科目	借 方										核对符号	贷 方										核对符号
			千	百	十	万	千	百	十	元	角	分		千	百	十	万	千	百	十	元	角	分	
结算方式及票号：		合 计 金 额																						

附件 张

会计主管 记账 稽核 出纳 制单 领（缴）款人

记　账　凭　证

单位：　　　　　　　　　　年　　月　　日　　　　　　　　字第　　号

摘　要	总账科目	明细科目	借　方										核对符号	贷　方										核对符号
			千	百	十	万	千	百	十	元	角	分		千	百	十	万	千	百	十	元	角	分	
结算方式及票号：		合 计 金 额																						

附件　　张

会计主管　　记账　　稽核　　出纳　　制单　　领（缴）款人

记　账　凭　证

单位：　　　　　　　　　　年　　月　　日　　　　　　　　字第　　号

摘　要	总账科目	明细科目	借　方										核对符号	贷　方										核对符号
			千	百	十	万	千	百	十	元	角	分		千	百	十	万	千	百	十	元	角	分	
结算方式及票号：		合 计 金 额																						

附件　　张

会计主管　　记账　　稽核　　出纳　　制单　　领（缴）款人

记账凭证

单位： 年 月 日 字第 号

摘要	总账科目	明细科目	借方										核对符号	贷方										核对符号
			千	百	十	万	千	百	十	元	角	分		千	百	十	万	千	百	十	元	角	分	
结算方式及票号：		合计金额																						

附件 张

会计主管 记账 稽核 出纳 制单 领（缴）款人

记账凭证

单位： 年 月 日 字第 号

摘要	总账科目	明细科目	借方										核对符号	贷方										核对符号
			千	百	十	万	千	百	十	元	角	分		千	百	十	万	千	百	十	元	角	分	
结算方式及票号：		合计金额																						

附件 张

会计主管 记账 稽核 出纳 制单 领（缴）款人

记　账　凭　证

单位：　　　　　　　　　　　　年　　月　　日　　　　　　　　字第　　号

摘　要	总账科目	明细科目	借　方										核对	贷　方										核对
			千	百	十	万	千	百	十	元	角	分	符号	千	百	十	万	千	百	十	元	角	分	符号
结算方式及票号：		合 计 金 额																						

附件　　张

会计主管　　记账　　稽核　　出纳　　制单　　领（缴）款人

记　账　凭　证

单位：　　　　　　　　　　　　年　　月　　日　　　　　　　　字第　　号

摘　要	总账科目	明细科目	借　方										核对	贷　方										核对
			千	百	十	万	千	百	十	元	角	分	符号	千	百	十	万	千	百	十	元	角	分	符号
结算方式及票号：		合 计 金 额																						

附件　　张

会计主管　　记账　　稽核　　出纳　　制单　　领（缴）款人

记 账 凭 证

单位：　　　　　　　　　　年　　月　　日　　　　　　　　字第　　号

摘要	总账科目	明细科目	借方										核对符号	贷方										核对符号
			千	百	十	万	千	百	十	元	角	分		千	百	十	万	千	百	十	元	角	分	
结算方式及票号：		合计金额																						

附件　　张

会计主管　　记账　　稽核　　出纳　　制单　　领（缴）款人

记 账 凭 证

单位：　　　　　　　　　　年　　月　　日　　　　　　　　字第　　号

摘要	总账科目	明细科目	借方										核对符号	贷方										核对符号
			千	百	十	万	千	百	十	元	角	分		千	百	十	万	千	百	十	元	角	分	
结算方式及票号：		合计金额																						

附件　　张

会计主管　　记账　　稽核　　出纳　　制单　　领（缴）款人

记 账 凭 证

单位：　　　　　　　　　　　　年　　月　　日　　　　　　　　字第　　号

摘　要	总账科目	明细科目	借　方										核对	贷　方										核对
			千	百	十	万	千	百	十	元	角	分	符号	千	百	十	万	千	百	十	元	角	分	符号
结算方式及票号：		合 计 金 额																						

附件　　张

会计主管　　　记账　　　稽核　　　出纳　　　制单　　　领（缴）款人

记 账 凭 证

单位：　　　　　　　　　　　　年　　月　　日　　　　　　　　字第　　号

摘　要	总账科目	明细科目	借　方										核对	贷　方										核对
			千	百	十	万	千	百	十	元	角	分	符号	千	百	十	万	千	百	十	元	角	分	符号
结算方式及票号：		合 计 金 额																						

附件　　张

会计主管　　　记账　　　稽核　　　出纳　　　制单　　　领（缴）款人

记　账　凭　证

单位：　　　　　　　　　　　　　　　　年　　月　　日　　　　　　　　　字第　　　号

摘　要	总账科目	明细科目	借　方										核对符号	贷　方										核对符号
			千	百	十	万	千	百	十	元	角	分		千	百	十	万	千	百	十	元	角	分	
结算方式及票号：		合 计 金 额																						

附件　　张

会计主管　　　　记账　　　　稽核　　　　出纳　　　　制单　　　　领（缴）款人

记　账　凭　证

单位：　　　　　　　　　　　　　　　　年　　月　　日　　　　　　　　　字第　　　号

摘　要	总账科目	明细科目	借　方										核对符号	贷　方										核对符号
			千	百	十	万	千	百	十	元	角	分		千	百	十	万	千	百	十	元	角	分	
结算方式及票号：		合 计 金 额																						

附件　　张

会计主管　　　　记账　　　　稽核　　　　出纳　　　　制单　　　　领（缴）款人

记 账 凭 证

单位：　　　　　　　　　　　年　　月　　日　　　　　　　　字第　　　号

摘要	总账科目	明细科目	借方										核对符号	贷方										核对符号
			千	百	十	万	千	百	十	元	角	分		千	百	十	万	千	百	十	元	角	分	
结算方式及票号：		合计金额																						

附件　　张

会计主管　　记账　　稽核　　出纳　　制单　　领（缴）款人

记 账 凭 证

单位：　　　　　　　　　　　年　　月　　日　　　　　　　　字第　　　号

摘要	总账科目	明细科目	借方										核对符号	贷方										核对符号
			千	百	十	万	千	百	十	元	角	分		千	百	十	万	千	百	十	元	角	分	
结算方式及票号：		合计金额																						

附件　　张

会计主管　　记账　　稽核　　出纳　　制单　　领（缴）款人

记 账 凭 证

单位：　　　　　　　　　　年　　月　　日　　　　　　　字第　　号

摘　要	总账科目	明细科目	借　方										核对符号	贷　方										核对符号
			千	百	十	万	千	百	十	元	角	分		千	百	十	万	千	百	十	元	角	分	
结算方式及票号：		合 计 金 额																						

附件　　张

会计主管　　　　记账　　　　稽核　　　　出纳　　　　制单　　　　领（缴）款人

✂ -

记 账 凭 证

单位：　　　　　　　　　　年　　月　　日　　　　　　　字第　　号

摘　要	总账科目	明细科目	借　方										核对符号	贷　方										核对符号
			千	百	十	万	千	百	十	元	角	分		千	百	十	万	千	百	十	元	角	分	
结算方式及票号：		合 计 金 额																						

附件　　张

会计主管　　　　记账　　　　稽核　　　　出纳　　　　制单　　　　领（缴）款人

记　账　凭　证

单位：　　　　　　　　　　　　　　　年　　月　　日　　　　　　　　字第　　号

摘　要	总账科目	明细科目	借　方										核对符号	贷　方										核对符号
			千	百	十	万	千	百	十	元	角	分		千	百	十	万	千	百	十	元	角	分	
结算方式及票号：		合 计 金 额																						

附件　　张

会计主管　　　记账　　　稽核　　　出纳　　　制单　　　领（缴）款人

记　账　凭　证

单位：　　　　　　　　　　　　　　　年　　月　　日　　　　　　　　字第　　号

摘　要	总账科目	明细科目	借　方										核对符号	贷　方										核对符号
			千	百	十	万	千	百	十	元	角	分		千	百	十	万	千	百	十	元	角	分	
结算方式及票号：		合 计 金 额																						

附件　　张

会计主管　　　记账　　　稽核　　　出纳　　　制单　　　领（缴）款人

记　账　凭　证

单位：　　　　　　　　　　　　　　年　　月　　日　　　　　　　　　　字第　　　号

摘　要	总账科目	明细科目	借　方										核对符号	贷　方										核对符号
			千	百	十	万	千	百	十	元	角	分		千	百	十	万	千	百	十	元	角	分	
结算方式及票号：		合 计 金 额																						

附件　　张

会计主管　　　　记账　　　　稽核　　　　出纳　　　　制单　　　　领（缴）款人

记　账　凭　证

单位：　　　　　　　　　　　　　　年　　月　　日　　　　　　　　　　字第　　　号

摘　要	总账科目	明细科目	借　方										核对符号	贷　方										核对符号
			千	百	十	万	千	百	十	元	角	分		千	百	十	万	千	百	十	元	角	分	
结算方式及票号：		合 计 金 额																						

附件　　张

会计主管　　　　记账　　　　稽核　　　　出纳　　　　制单　　　　领（缴）款人

记 账 凭 证

单位：　　　　　　　　　　年　　月　　日　　　　　　字第　　号

摘要	总账科目	明细科目	借方										核对符号	贷方										核对符号
			千	百	十	万	千	百	十	元	角	分		千	百	十	万	千	百	十	元	角	分	
结算方式及票号：		合计金额																						

附件　　张

会计主管　　记账　　稽核　　出纳　　制单　　领（缴）款人

记 账 凭 证

单位：　　　　　　　　　　年　　月　　日　　　　　　字第　　号

摘要	总账科目	明细科目	借方										核对符号	贷方										核对符号
			千	百	十	万	千	百	十	元	角	分		千	百	十	万	千	百	十	元	角	分	
结算方式及票号：		合计金额																						

附件　　张

会计主管　　记账　　稽核　　出纳　　制单　　领（缴）款人

记 账 凭 证

单位：　　　　　　　　　　　　年　　月　　日　　　　　　　　字第　　号

摘要	总账科目	明细科目	借方										核对符号	贷方										核对符号
			千	百	十	万	千	百	十	元	角	分		千	百	十	万	千	百	十	元	角	分	
结算方式及票号：		合计金额																						

附件　　张

会计主管　　记账　　稽核　　出纳　　制单　　领（缴）款人

✂--

记 账 凭 证

单位：　　　　　　　　　　　　年　　月　　日　　　　　　　　字第　　号

摘要	总账科目	明细科目	借方										核对符号	贷方										核对符号
			千	百	十	万	千	百	十	元	角	分		千	百	十	万	千	百	十	元	角	分	
结算方式及票号：		合计金额																						

附件　　张

会计主管　　记账　　稽核　　出纳　　制单　　领（缴）款人

记　账　凭　证

单位：　　　　　　　　　　　　　　年　　月　　日　　　　　　　　字第　　　号

摘　要	总账科目	明细科目	借　方										核对符号	贷　方										核对符号
			千	百	十	万	千	百	十	元	角	分		千	百	十	万	千	百	十	元	角	分	
结算方式及票号：		合 计 金 额																						

附件　　张

会计主管　　　记账　　　稽核　　　出纳　　　制单　　　领（缴）款人

记　账　凭　证

单位：　　　　　　　　　　　　　　年　　月　　日　　　　　　　　字第　　　号

摘　要	总账科目	明细科目	借　方										核对符号	贷　方										核对符号
			千	百	十	万	千	百	十	元	角	分		千	百	十	万	千	百	十	元	角	分	
结算方式及票号：		合 计 金 额																						

附件　　张

会计主管　　　记账　　　稽核　　　出纳　　　制单　　　领（缴）款人

记 账 凭 证

单位：　　　　　　　　　　年　　月　　日　　　　　　　字第　　号

摘要	总账科目	明细科目	借方										核对符号	贷方										核对符号
			千	百	十	万	千	百	十	元	角	分		千	百	十	万	千	百	十	元	角	分	
结算方式及票号：		合计金额																						

附件　　张

会计主管　　记账　　稽核　　出纳　　制单　　领（缴）款人

记 账 凭 证

单位：　　　　　　　　　　年　　月　　日　　　　　　　字第　　号

摘要	总账科目	明细科目	借方										核对符号	贷方										核对符号
			千	百	十	万	千	百	十	元	角	分		千	百	十	万	千	百	十	元	角	分	
结算方式及票号：		合计金额																						

附件　　张

会计主管　　记账　　稽核　　出纳　　制单　　领（缴）款人

记 账 凭 证

单位： 年 月 日 字第 号

摘 要	总账科目	明细科目	借 方										核对	贷 方										核对
			千	百	十	万	千	百	十	元	角	分	符号	千	百	十	万	千	百	十	元	角	分	符号
结算方式及票号：		合 计 金 额																						

附件 张

会计主管 记账 稽核 出纳 制单 领（缴）款人

记 账 凭 证

单位： 年 月 日 字第 号

摘 要	总账科目	明细科目	借 方										核对	贷 方										核对
			千	百	十	万	千	百	十	元	角	分	符号	千	百	十	万	千	百	十	元	角	分	符号
结算方式及票号：		合 计 金 额																						

附件 张

会计主管 记账 稽核 出纳 制单 领（缴）款人

记　账　凭　证

单位：　　　　　　　　　　　　年　　月　　日　　　　　　　字第　　号

摘要	总账科目	明细科目	借方										核对	贷方										核对
			千	百	十	万	千	百	十	元	角	分	符号	千	百	十	万	千	百	十	元	角	分	符号
结算方式及票号：		合计金额																						

附件　　张

会计主管　　记账　　稽核　　出纳　　制单　　领（缴）款人

记　账　凭　证

单位：　　　　　　　　　　　　年　　月　　日　　　　　　　字第　　号

摘要	总账科目	明细科目	借方										核对	贷方										核对
			千	百	十	万	千	百	十	元	角	分	符号	千	百	十	万	千	百	十	元	角	分	符号
结算方式及票号：		合计金额																						

附件　　张

会计主管　　记账　　稽核　　出纳　　制单　　领（缴）款人

记 账 凭 证

单位：　　　　　　　　　　　　　　　年　　月　　日　　　　　　　　　　字第　　　号

摘 要	总账科目	明细科目	借 方									核对符号	贷 方									核对符号
			千	百	十	万	千	百	十	元	角	分		千	百	十	万	千	百	十	元	角	分	
结算方式及票号：		合 计 金 额																				

附件　　张

会计主管　　　记账　　　稽核　　　出纳　　　制单　　　领（缴）款人

记 账 凭 证

单位：　　　　　　　　　　　　　　　年　　月　　日　　　　　　　　　　字第　　　号

摘 要	总账科目	明细科目	借 方									核对符号	贷 方									核对符号
			千	百	十	万	千	百	十	元	角	分		千	百	十	万	千	百	十	元	角	分	
结算方式及票号：		合 计 金 额																				

附件　　张

会计主管　　　记账　　　稽核　　　出纳　　　制单　　　领（缴）款人

记 账 凭 证

单位：　　　　　　　　　　　　　　　　　　年　　月　　日　　　　　　　　　字第　　号

摘　要	总账科目	明细科目	借　方										核对符号	贷　方										核对符号
			千	百	十	万	千	百	十	元	角	分		千	百	十	万	千	百	十	元	角	分	
结算方式及票号：		合 计 金 额																						

附件　　张

会计主管　　记账　　稽核　　出纳　　制单　　领（缴）款人

记 账 凭 证

单位：　　　　　　　　　　　　　　　　　　年　　月　　日　　　　　　　　　字第　　号

摘　要	总账科目	明细科目	借　方										核对符号	贷　方										核对符号
			千	百	十	万	千	百	十	元	角	分		千	百	十	万	千	百	十	元	角	分	
结算方式及票号：		合 计 金 额																						

附件　　张

会计主管　　记账　　稽核　　出纳　　制单　　领（缴）款人

记 账 凭 证

单位：　　　　　　　　　　年　　月　　日　　　　　　　　字第　　　号

摘　要	总账科目	明细科目	借　方									核对	贷　方									核对
			千	百	十	万	千	百	十	元	角	分	符号	千	百	十	万	千	百	十	元	角	分	符号
结算方式及票号：		合 计 金 额																				

附件　　张

会计主管　　　记账　　　稽核　　　出纳　　　制单　　　领（缴）款人

记 账 凭 证

单位：　　　　　　　　　　年　　月　　日　　　　　　　　字第　　　号

摘　要	总账科目	明细科目	借　方									核对	贷　方									核对
			千	百	十	万	千	百	十	元	角	分	符号	千	百	十	万	千	百	十	元	角	分	符号
结算方式及票号：		合 计 金 额																				

附件　　张

会计主管　　　记账　　　稽核　　　出纳　　　制单　　　领（缴）款人

记　账　凭　证

单位：　　　　　　　　年　　月　　日　　　　　　字第　　号

摘　要	总账科目	明细科目	借　方										核对	贷　方										核对
			千	百	十	万	千	百	十	元	角	分	符号	千	百	十	万	千	百	十	元	角	分	符号
结算方式及票号：		合 计 金 额																						

附件　　张

会计主管　　记账　　稽核　　出纳　　制单　　领（缴）款人

✂ --

记　账　凭　证

单位：　　　　　　　　年　　月　　日　　　　　　字第　　号

摘　要	总账科目	明细科目	借　方										核对	贷　方										核对
			千	百	十	万	千	百	十	元	角	分	符号	千	百	十	万	千	百	十	元	角	分	符号
结算方式及票号：		合 计 金 额																						

附件　　张

会计主管　　记账　　稽核　　出纳　　制单　　领（缴）款人

记 账 凭 证

单位： 年 月 日 字第 号

摘 要	总账科目	明细科目	借 方										核对符号	贷 方										核对符号
			千	百	十	万	千	百	十	元	角	分		千	百	十	万	千	百	十	元	角	分	
结算方式及票号：		合 计 金 额																						

附件 张

会计主管 记账 稽核 出纳 制单 领（缴）款人

记 账 凭 证

单位： 年 月 日 字第 号

摘 要	总账科目	明细科目	借 方										核对符号	贷 方										核对符号
			千	百	十	万	千	百	十	元	角	分		千	百	十	万	千	百	十	元	角	分	
结算方式及票号：		合 计 金 额																						

附件 张

会计主管 记账 稽核 出纳 制单 领（缴）款人

记账凭证

单位：　　　　　　　　　　　　　　　年　　月　　日　　　　　　　　　字第　　号

摘要	总账科目	明细科目	借方										核对符号	贷方										核对符号
			千	百	十	万	千	百	十	元	角	分		千	百	十	万	千	百	十	元	角	分	
结算方式及票号：		合计金额																						

附件　张

会计主管　　记账　　稽核　　出纳　　制单　　领（缴）款人

记账凭证

单位：　　　　　　　　　　　　　　　年　　月　　日　　　　　　　　　字第　　号

摘要	总账科目	明细科目	借方										核对符号	贷方										核对符号
			千	百	十	万	千	百	十	元	角	分		千	百	十	万	千	百	十	元	角	分	
结算方式及票号：		合计金额																						

附件　张

会计主管　　记账　　稽核　　出纳　　制单　　领（缴）款人

记　账　凭　证

单位：　　　　　　　　　　　　年　　月　　日　　　　　　　　　　字第　　　号

摘　要	总账科目	明细科目	借　方										核对	贷　方										核对
			千	百	十	万	千	百	十	元	角	分	符号	千	百	十	万	千	百	十	元	角	分	符号
结算方式及票号：		合 计 金 额																						

附件　　张

会计主管　　　　记账　　　　稽核　　　　出纳　　　　制单　　　　领（缴）款人

✂ -

记　账　凭　证

单位：　　　　　　　　　　　　年　　月　　日　　　　　　　　　　字第　　　号

摘　要	总账科目	明细科目	借　方										核对	贷　方										核对
			千	百	十	万	千	百	十	元	角	分	符号	千	百	十	万	千	百	十	元	角	分	符号
结算方式及票号：		合 计 金 额																						

附件　　张

会计主管　　　　记账　　　　稽核　　　　出纳　　　　制单　　　　领（缴）款人

（二）科目汇总表

科目汇总表

年 月 日　　　　编号 ______

会计科目	借方										√	贷方										√	会计科目	借方										√	贷方										√
	千	百	十	万	千	百	十	元	角	分		千	百	十	万	千	百	十	元	角	分			千	百	十	万	千	百	十	元	角	分		千	百	十	万	千	百	十	元	角	分	
合计																							合计																						

会计主管　　　　记账　　　　复核　　　　制单

科目汇总表

年 月 日　　　　编号 ______

会计科目	借方										√	贷方										√	会计科目	借方										√	贷方										√
	千	百	十	万	千	百	十	元	角	分		千	百	十	万	千	百	十	元	角	分			千	百	十	万	千	百	十	元	角	分		千	百	十	万	千	百	十	元	角	分	
合计																							合计																						

会计主管　　　　记账　　　　复核　　　　制单

科目汇总表

年　　月　　日　　　　　　　　编号______

会计科目	借方										√	贷方										√	会计科目	借方										√	贷方										√
	千	百	十	万	千	百	十	元	角	分		千	百	十	万	千	百	十	元	角	分			千	百	十	万	千	百	十	元	角	分		千	百	十	万	千	百	十	元	角	分	
合计																							合计																						

会计主管　　　　记账　　　　复核　　　　制单

科目汇总表

年　　月　　日　　　　　　　　编号______

会计科目	借方										√	贷方										√	会计科目	借方										√	贷方										√
	千	百	十	万	千	百	十	元	角	分		千	百	十	万	千	百	十	元	角	分			千	百	十	万	千	百	十	元	角	分		千	百	十	万	千	百	十	元	角	分	
合计																							合计																						

会计主管　　　　记账　　　　复核　　　　制单

科目汇总表

年　　月　　日　　　　　　　　编号______

<table>
<tr><th rowspan="2">会计科目</th><th colspan="10">借　方</th><th rowspan="2">√</th><th colspan="10">贷　方</th><th rowspan="2">√</th><th rowspan="2">会计科目</th><th colspan="10">借　方</th><th rowspan="2">√</th><th colspan="10">贷　方</th><th rowspan="2">√</th></tr>
<tr><th>千</th><th>百</th><th>十</th><th>万</th><th>千</th><th>百</th><th>十</th><th>元</th><th>角</th><th>分</th><th>千</th><th>百</th><th>十</th><th>万</th><th>千</th><th>百</th><th>十</th><th>元</th><th>角</th><th>分</th><th>千</th><th>百</th><th>十</th><th>万</th><th>千</th><th>百</th><th>十</th><th>元</th><th>角</th><th>分</th><th>千</th><th>百</th><th>十</th><th>万</th><th>千</th><th>百</th><th>十</th><th>元</th><th>角</th><th>分</th></tr>
<tr><td></td><td></td><td></td><td></td><td></td><td></td><td></td><td></td><td></td><td></td><td></td><td></td><td></td><td></td><td></td><td></td><td></td><td></td><td></td><td></td><td></td><td></td><td></td><td></td><td></td><td></td><td></td><td></td><td></td><td></td><td></td><td></td><td></td><td></td><td></td><td></td><td></td><td></td><td></td><td></td><td></td><td></td><td></td><td></td><td></td><td></td></tr>
<tr><td></td><td></td><td></td><td></td><td></td><td></td><td></td><td></td><td></td><td></td><td></td><td></td><td></td><td></td><td></td><td></td><td></td><td></td><td></td><td></td><td></td><td></td><td></td><td></td><td></td><td></td><td></td><td></td><td></td><td></td><td></td><td></td><td></td><td></td><td></td><td></td><td></td><td></td><td></td><td></td><td></td><td></td><td></td><td></td><td></td><td></td></tr>
<tr><td></td><td></td><td></td><td></td><td></td><td></td><td></td><td></td><td></td><td></td><td></td><td></td><td></td><td></td><td></td><td></td><td></td><td></td><td></td><td></td><td></td><td></td><td></td><td></td><td></td><td></td><td></td><td></td><td></td><td></td><td></td><td></td><td></td><td></td><td></td><td></td><td></td><td></td><td></td><td></td><td></td><td></td><td></td><td></td><td></td><td></td></tr>
<tr><td></td><td></td><td></td><td></td><td></td><td></td><td></td><td></td><td></td><td></td><td></td><td></td><td></td><td></td><td></td><td></td><td></td><td></td><td></td><td></td><td></td><td></td><td></td><td></td><td></td><td></td><td></td><td></td><td></td><td></td><td></td><td></td><td></td><td></td><td></td><td></td><td></td><td></td><td></td><td></td><td></td><td></td><td></td><td></td><td></td><td></td></tr>
<tr><td></td><td></td><td></td><td></td><td></td><td></td><td></td><td></td><td></td><td></td><td></td><td></td><td></td><td></td><td></td><td></td><td></td><td></td><td></td><td></td><td></td><td></td><td></td><td></td><td></td><td></td><td></td><td></td><td></td><td></td><td></td><td></td><td></td><td></td><td></td><td></td><td></td><td></td><td></td><td></td><td></td><td></td><td></td><td></td><td></td><td></td></tr>
<tr><td></td><td></td><td></td><td></td><td></td><td></td><td></td><td></td><td></td><td></td><td></td><td></td><td></td><td></td><td></td><td></td><td></td><td></td><td></td><td></td><td></td><td></td><td></td><td></td><td></td><td></td><td></td><td></td><td></td><td></td><td></td><td></td><td></td><td></td><td></td><td></td><td></td><td></td><td></td><td></td><td></td><td></td><td></td><td></td><td></td><td></td></tr>
<tr><td>合　计</td><td></td><td></td><td></td><td></td><td></td><td></td><td></td><td></td><td></td><td></td><td></td><td></td><td></td><td></td><td></td><td></td><td></td><td></td><td></td><td></td><td></td><td></td><td>合　计</td><td></td><td></td><td></td><td></td><td></td><td></td><td></td><td></td><td></td><td></td><td></td><td></td><td></td><td></td><td></td><td></td><td></td><td></td><td></td><td></td><td></td><td></td></tr>
</table>

会计主管　　　　　　　记账　　　　　　　复核　　　　　　　制单

✂ -

科目汇总表

年　　月　　日　　　　　　　　编号______

<table>
<tr><th rowspan="2">会计科目</th><th colspan="10">借　方</th><th rowspan="2">√</th><th colspan="10">贷　方</th><th rowspan="2">√</th><th rowspan="2">会计科目</th><th colspan="10">借　方</th><th rowspan="2">√</th><th colspan="10">贷　方</th><th rowspan="2">√</th></tr>
<tr><th>千</th><th>百</th><th>十</th><th>万</th><th>千</th><th>百</th><th>十</th><th>元</th><th>角</th><th>分</th><th>千</th><th>百</th><th>十</th><th>万</th><th>千</th><th>百</th><th>十</th><th>元</th><th>角</th><th>分</th><th>千</th><th>百</th><th>十</th><th>万</th><th>千</th><th>百</th><th>十</th><th>元</th><th>角</th><th>分</th><th>千</th><th>百</th><th>十</th><th>万</th><th>千</th><th>百</th><th>十</th><th>元</th><th>角</th><th>分</th></tr>
<tr><td></td><td></td><td></td><td></td><td></td><td></td><td></td><td></td><td></td><td></td><td></td><td></td><td></td><td></td><td></td><td></td><td></td><td></td><td></td><td></td><td></td><td></td><td></td><td></td><td></td><td></td><td></td><td></td><td></td><td></td><td></td><td></td><td></td><td></td><td></td><td></td><td></td><td></td><td></td><td></td><td></td><td></td><td></td><td></td><td></td><td></td></tr>
<tr><td></td><td></td><td></td><td></td><td></td><td></td><td></td><td></td><td></td><td></td><td></td><td></td><td></td><td></td><td></td><td></td><td></td><td></td><td></td><td></td><td></td><td></td><td></td><td></td><td></td><td></td><td></td><td></td><td></td><td></td><td></td><td></td><td></td><td></td><td></td><td></td><td></td><td></td><td></td><td></td><td></td><td></td><td></td><td></td><td></td><td></td></tr>
<tr><td></td><td></td><td></td><td></td><td></td><td></td><td></td><td></td><td></td><td></td><td></td><td></td><td></td><td></td><td></td><td></td><td></td><td></td><td></td><td></td><td></td><td></td><td></td><td></td><td></td><td></td><td></td><td></td><td></td><td></td><td></td><td></td><td></td><td></td><td></td><td></td><td></td><td></td><td></td><td></td><td></td><td></td><td></td><td></td><td></td><td></td></tr>
<tr><td></td><td></td><td></td><td></td><td></td><td></td><td></td><td></td><td></td><td></td><td></td><td></td><td></td><td></td><td></td><td></td><td></td><td></td><td></td><td></td><td></td><td></td><td></td><td></td><td></td><td></td><td></td><td></td><td></td><td></td><td></td><td></td><td></td><td></td><td></td><td></td><td></td><td></td><td></td><td></td><td></td><td></td><td></td><td></td><td></td><td></td></tr>
<tr><td></td><td></td><td></td><td></td><td></td><td></td><td></td><td></td><td></td><td></td><td></td><td></td><td></td><td></td><td></td><td></td><td></td><td></td><td></td><td></td><td></td><td></td><td></td><td></td><td></td><td></td><td></td><td></td><td></td><td></td><td></td><td></td><td></td><td></td><td></td><td></td><td></td><td></td><td></td><td></td><td></td><td></td><td></td><td></td><td></td><td></td></tr>
<tr><td></td><td></td><td></td><td></td><td></td><td></td><td></td><td></td><td></td><td></td><td></td><td></td><td></td><td></td><td></td><td></td><td></td><td></td><td></td><td></td><td></td><td></td><td></td><td></td><td></td><td></td><td></td><td></td><td></td><td></td><td></td><td></td><td></td><td></td><td></td><td></td><td></td><td></td><td></td><td></td><td></td><td></td><td></td><td></td><td></td><td></td></tr>
<tr><td>合　计</td><td></td><td></td><td></td><td></td><td></td><td></td><td></td><td></td><td></td><td></td><td></td><td></td><td></td><td></td><td></td><td></td><td></td><td></td><td></td><td></td><td></td><td></td><td>合　计</td><td></td><td></td><td></td><td></td><td></td><td></td><td></td><td></td><td></td><td></td><td></td><td></td><td></td><td></td><td></td><td></td><td></td><td></td><td></td><td></td><td></td><td></td></tr>
</table>

会计主管　　　　　　　记账　　　　　　　复核　　　　　　　制单

科目汇总表

年　　月　　日　　　　编号 ______

会计科目	借方										√	贷方										√	会计科目	借方										√	贷方										√
	千	百	十	万	千	百	十	元	角	分		千	百	十	万	千	百	十	元	角	分			千	百	十	万	千	百	十	元	角	分		千	百	十	万	千	百	十	元	角	分	
合计																							合计																						

会计主管　　　　记账　　　　复核　　　　制单

科目汇总表

年　　月　　日　　　　编号 ______

会计科目	借方										√	贷方										√	会计科目	借方										√	贷方										√
	千	百	十	万	千	百	十	元	角	分		千	百	十	万	千	百	十	元	角	分			千	百	十	万	千	百	十	元	角	分		千	百	十	万	千	百	十	元	角	分	
合计																							合计																						

会计主管　　　　记账　　　　复核　　　　制单

（三）记账凭证封面

榕　城　公　司

记 账 凭 证 封 皮

______年____月　　第____册　　（本月共____册）
本册日期：______年____月____日至______年____月____日
本册号数：自______号起至______号止
原始凭证张数______张　　记账凭证______张
全宗号______　目录号______　案卷号______　盒号______　保管期限______年

会计主管：　　　　　装订人：

第四章

会计账簿系统实验

一、实验目的

会计账簿实验旨在使学生熟练掌握开设账户、登明细账、总账以及错账更正等技能，并定期进行账账核对和结账等工作。

二、实验工作规范

1. 启用会计账簿时，应当在账簿封面上写明单位名称和账簿名称。在账簿扉页上应当附启用表，内容包括：启用日期、账簿页数、记账人员和会计机构负责人、会计主管人员姓名，并加盖名章和单位公章。记账人员或者会计机构负责人、会计主管人员调动工作时，应当注明交接日期、接办人员或者监交人员姓名，并由交接双方人员签名或者盖章。会计人员应当根据审核无误的会计凭证登记会计账簿。

2. 登记会计账簿时，应当将会计凭证日期、编号、业务内容摘要、金额和其他有关资料逐项记入账内；做到数字准确、摘要清楚、登记及时、字迹工整。

3. 登记完毕后，要在记账凭证上签名或者盖章，并注明已经登账的符号，表示已经记账。

4. 账簿中书写的文字和数字上面要留有适当空格，不要写满格；一般应占格距的1/2。

5. 登记账簿要用蓝黑墨水或者碳素墨水书写，不得使用圆珠笔（银行的复写账簿除外）或者铅笔书写。

6. 下列情况，可以用红色墨水记账：按照红字冲账的记账凭证，冲销错误记录；在不设借贷等栏的多栏式账页中，登记减少数；在三栏式账户的余额栏前，如未印明余额方面的，在余额栏内登记负数余额；根据国家统一会计制度的规定可以用红字登记的其他会计记录。

7. 各种账簿按页次顺序连续登记，不得跳行、隔页。如果发生跳行、隔页，应当将空行、空页划线注销，或者注明“此行空白”“此页空白”字样，并由记账人员签名或者盖章。

8. 凡需要结出余额的账户，结出余额后，应当在“借或贷”等栏内写明“借”或者“贷”等字样。没有余额的账户，应当在“借或贷”栏内写“平”字，并在余额栏内用“-θ-”表示。现金日记账和银行存款日记账必须逐日结出余额。

9. 每一账页登记完毕结转下页时，应当结出本页合计数及余额，写在本页最后一行和下页第一行有关栏内，并在摘要栏内注明“过次页”和“承前页”字样；也可以将本页合计数及金额只写在下页第一行有关栏内，并在摘要栏内注明“承前页”字样。

10. 对需要结计本月发生额的账户，结计“过次页”的本页合计数应当为自本月初起至本页末止的发生额合计数；对需要结计本年累计发生额的账户，结计“过次页”的本页合计数应当为自年初起至本页末止的累计数；对既不需要结计本月发生额也不需要结计本年累计发生额的账户，可以只将每页末止的余额结转次页。

11. 账簿记录发生错误，不准涂改、挖补、刮擦或者用药水消除字迹，不准重新抄写，必须按照下列方法进行更正。

12. 登记账簿时发生错误，应当将错误的文字或者数字划红线注销，但必须使原有字迹仍可辨认；然后在划线上方填写正确的文字或者数字，并由记账人员在更正处盖章。对于错误的数字，应当全部划红线更正，不得只更正其中的错误数字。对于文字错误，可只划去错误的部分。由于记账凭证错误而使账簿记录发生错误，应当按更正的记账凭证登记账簿。

13. 月末进行账账核对。核对不同会计账簿之间的账簿记录是否相符，包括：总账有关账户的余额核对，总账与明细账核对，总账与日记账核对，会计部门的财产物资明细账与财产物资保管和使用部门的有关明细账核对等。

14. 结账前，检查是否将本期内所发生的各项经济业务全部登记入账。

15. 结账时，应当结出每个账户的期末余额。需要结出当月发生额的，应当在摘要栏内注明“本月合计”字样，并在下面通栏划单红线。需要结出本年累计发生额的，应当在摘要栏内注明“本年累计”字样，并在下面通栏划单红线；12 月末的“本年累计”就是全年累计发生额。全年累计发生额下面应当通栏划双红线。年度终了结账时，所有总账账户都应当结出全年发生额和年末余额。

16. 年度终了，要把各账户的余额结转到下一会计年度，并在摘要栏注明“结转下年”字样；在下一会计年度新建有关会计账簿的第一行余额栏内填写上年结转的余额，并在摘要栏注明“上年结转”字样。

三、实验操作程序

1. 根据总分类账户余额以及12月发生的业务记录开设总分类账户，并将余额记入各账户的余额栏内，摘要栏填写“期初余额”；根据损益类账户1～11月的累计发生额开设损益类总账账户，并将12月份的发生额记入各账户的借方或贷方金额栏内，在该月最后一笔业务记录完后方可结账。

2. 根据明细分类账户余额开设明细分类账户及现金日记账、银行存款日记账，并将余额记入各该明细账户的余额栏内，摘要填写“期初余额”；根据损益类明细账账户的累计明细发生额开设损益类明细账账户（按借方或贷方设多栏），并将累计发生额记入各账户的借方各费用项目金额栏内或贷方各项目金额栏内，摘要栏填写“本月累计”，并用红笔在本栏下面划一条通栏横线（原材料、库存商品明细账采用数量金额式账页，损益类明细账、应交增值税明细账采用多栏式账页，其余明细账采用三栏式账页）。

3. 根据第三章的每一张记账凭证登明细分类账。

4. 每×天，根据第三章的科目汇总表登记总账。

5. 月末，进行余额试算平衡，检查总账余额是否等于所属明细账余额之和。结出每一个账户本期发生额合计数和余额。结账时，应当结出每个账户的期末余额。需要结出当月发生额的，应当在摘要栏内注明“本月合计”字样，并在下面通栏划单红线。需要结出本年累计发生额的，应当在摘要栏内注明“本年累计”字样，并在下面通栏划单红线；12月末的“本年累计”就是全年累计发生额。全年累计发生额下面应当通栏划双红线，表示封账。[①]

6. 年度终了结账时，所有总账账户都应当结出全年发生额和年末余额；把各账户的余额结转到下一会计年度，并在摘要栏注明“结转下年”字样；在下一会计年度新建有关会计账簿的第一行余额栏内填写上年结转的余额，并在摘要栏注明“上年结转”字样。

---

① 本实验以榕城公司12月经济事项为主要内容，除损益类账户外其余账户1～11月累计发生额暂略。

银行存款日记账

2009年 月	日	凭证 种类	凭证 号数	摘要	对方科目	日页	借方金额（亿千百十万千百十元角分）	✓	贷方金额（亿千百十万千百十元角分）	✓	借或贷	余额（亿千百十万千百十元角分）	✓
12	1			期初余额								9522500	
12	3	记	004	增加投资	实收资本		5000000						
				本日小计			5000000					14522500	
12	27	记	008	收回销货款	应收账款		3000000						
12	27	记	009	支付广告费	销售费用				800000				
12	27	记	010	归还购货款	应付账款				3400000				
				本日小计			3000000		4200000			13322500	
12	31			本月合计			8000000		4200000			13322500	
12	31			本年累计			略		略			13322500	
				结转下年								13322500	

单红线

单红线

单红线

双红线

注：账页样张中“本年累计”栏“借方”“贷方”金额为1~11月发生额合计数加上12月“本月合计”相应金额，本实验暂略。

总分类账

总页 2　　分页 1

会计		记账	

编号 ______

科目 银行存款

2009年 月	日	凭证号数	摘要	日页	借方	✓	贷方	✓	借或贷	余额	✓
12	1		期初余额						借	9522500	
12	15		科汇01号		15000000		5000000		借	19522500	
12	31		科汇02号		37000000		7000000		借	49522500	
12	31		本月合计		52000000		12000000		借	49522500	
12	31		本年累计		略		略		借	49522500	
			结转下年							49522500	

单红线

双红线

注：账簿样张中“本年累计”栏“借方”“贷方”金额为1~11月发生额合计数加上12月“本月合计”相应金额，本实验暂略。

明细分类账

总第 33 页　分第 1 页

一 级科目编号及名称 6001 主营业务收入

二 级科目编号及名称 01 甲产品

2009年 月	日	凭证 种类	凭证 号数	摘要	日页	借方金额	✓	贷方金额	✓	借或贷	余额	✓
12	19	记	015	销售甲产品				1200000		贷	1200000	
12	31	记	027	结转本年利润		1200000				平	θ	
12	31			本月合计		1200000		1200000				
12	31			本年累计		332000000		332000000				

单红线（本月合计行下）

双红线（本年累计行下）

注：账页样张中“本年累计”栏“借方”“贷方”金额为1～11月发生额合计数加上12月“本月合计”相应金额。

甲产品 明细账

编号______ 页次______ 总页 20

货名 甲产品

存储地点 第一仓库　　最高存量______ 最低存量______ 计量单位 件　　规格______ 类别______

2009年 月	日	凭证 种类	凭证 号数	摘要	收入（借方）数量	收入（借方）单价	收入（借方）金额	发出（贷方）数量	发出（贷方）单价	发出（贷方）金额	结存 数量	结存 单价	结存 金额
12	1			期初余额							400	33.75	13500.00
12	31	记	074	产成品入库	300	36.72	11016.00				700	35.02	24516.00
12	31	记	085	结转销售成本				200	33.75	6750.00	500	35.53	17766.00
12	31			本月合计	300	36.72	11016.00	200	33.75	6750.00	500	35.53	17766.00
12	31			本年累计			略			略	500	35.53	17766.00
				结转下年							500	35.53	17766.00

单红线

双红线

注：账页样张中“本年累计”栏“借方”“贷方”金额为1～11月发生额合计数加上12月“本月合计”相应金额，本实验暂略。

固定资产明细分类账

总页 15　　分页 1

耐用年限：35年
残　　值：6.844 %　17110元
折旧率每年：2.6616 %　每月0.2218%
折旧额每年：6654 元　每月554.50元

使用部门：工部
存放地点：
厂名型号：
始用日期：2001.7.12

固定资产编号：
固定资产名称：办公楼
固定资产规格：
计量单位：栋

日期			凭证号数	摘要	数量	单价	原价或重置价值			已使用年数	折旧			净值
年	月	日					借方	贷方	余额		借方	贷方	累计折旧额	
2019	12	1		期初余额	1	25万			250000.00	[illegible]年			55450.00	194550.00
	12	31	018	计提折旧								554.50	56004.50	193995.50
	12	31		本月合计					250000.00			554.50	56004.50	193995.50
	12	31		本年累计					250000.00			6654.00	56004.50	193995.50
				结转下年					250000.00				56004.50	193995.50

单红线

双红线

总第 25 页　　分第 1 页

一 级科目编号及名称 5101 制造费用

级科目编号及名称

制造费用明细账

2009年 月	日	凭证号数	摘要	（借）方 合计	差旅费	水电费	折旧费	保险费	工资福利			
12	1	010	王芳报销差旅费	118000	118000							
12	2	016	支付水电费	239250		239250						
12	2	017	支付水费	96600		96600						
12	3	018	计提折旧	196250			196250					
12	3	021	摊销保险费	25000				25000				
12	3	022	12月工资	30780					30780			
12	3	023	分配入成本	705880	118000	335850	196250	25000	30780			
12	3		本月合计	705880	118000	335850	196250	25000	30780			
12	3		本年累计	略	略	略	略	略	略			

该栏金额用红字表示

单红线

双红线

注：账页样张中“本年累计”栏各项金额为1~11月发生额合计数加上12月“本月合计”相应金额，本实验暂略。

五、演练用账簿资料

总分类账

总页 ______ 分页 ______

会计		记账	

编号 ______

科目 ______

年		凭证号数	摘要	日页	借方											√	贷方											√	借或贷	余额											√
月	日				亿	千	百	十	万	千	百	十	元	角	分		亿	千	百	十	万	千	百	十	元	角	分			亿	千	百	十	万	千	百	十	元	角	分	

总分类账

总 页 ______　　会计 ______ 记账 ______　　编 号 ______

分 页 ______　　　　　　　　　　　　　　　科 目 ______

年		凭证	摘要	日	借方											√	贷方											√	借或贷	余额											√
月	日	号数		页	亿	千	百	十	万	千	百	十	元	角	分		亿	千	百	十	万	千	百	十	元	角	分			亿	千	百	十	万	千	百	十	元	角	分	

总分类账

总页 ______ 分页 ______

会计		记账	

编号 __________
科目 __________

年		凭证号数	摘要	日页	借方											√	贷方											√	借或贷	余额											√
月	日				亿	千	百	十	万	千	百	十	元	角	分		亿	千	百	十	万	千	百	十	元	角	分			亿	千	百	十	万	千	百	十	元	角	分	

总 分 类 账

总 页 ______　　| 会计 | | 记账 | |　　编 号 ________

分 页 ______　　　　　　　　　　　　　　　　　　科 目 ________

年		凭证	摘 要	日	借 方	√	贷 方	√	借或贷	余 额	√
月	日	号数		页	亿千百十万千百十元角分		亿千百十万千百十元角分			亿千百十万千百十元角分	

总　分　类　账

总　页 ______　　分　页 ______

会计		记账	

编　号 ____________

科　目 ____________

年		凭证	摘　要	日	借　方	√	贷　方	√	借或贷	余　额	√
月	日	号数		页	亿千百十万千百十元角分		亿千百十万千百十元角分			亿千百十万千百十元角分	

总 分 类 账

总　页 ______　　分　页 ______

会计		记账	

编　号 ____________

科　目 ____________

年		凭证号数	摘要	日页	借方											√	贷方											√	借或贷	余额											√
月	日				亿	千	百	十	万	千	百	十	元	角	分		亿	千	百	十	万	千	百	十	元	角	分			亿	千	百	十	万	千	百	十	元	角	分	

总 分 类 账

总 页 ______　　会计 ______　记账 ______　　　编 号 ______

分 页 ______　　　　　　　　　　　　　　　　科 目 ______

年		凭证号数	摘要	日页	借方											√	贷方											√	借或贷	余额											√
月	日				亿	千	百	十	万	千	百	十	元	角	分		亿	千	百	十	万	千	百	十	元	角	分			亿	千	百	十	万	千	百	十	元	角	分	

总　分　类　账

总　页 ______　　分　页 ______

会计		记账	

编　号 __________

科　目 __________

年		凭证号数	摘要	日页	借方											√	贷方											√	借或贷	余额											√
月	日				亿	千	百	十	万	千	百	十	元	角	分		亿	千	百	十	万	千	百	十	元	角	分			亿	千	百	十	万	千	百	十	元	角	分	

总分类账

总页 ______ 分页 ______

会计		记账	

编号 ______

科目 ______

年		凭证	摘要	日	借方											√	贷方											√	借或贷	余额											√
月	日	号数		页	亿	千	百	十	万	千	百	十	元	角	分		亿	千	百	十	万	千	百	十	元	角	分			亿	千	百	十	万	千	百	十	元	角	分	

总 分 类 账

总 页 ______ 会计 ______ 记账 ______

分 页 ______

编 号 __________

科 目 __________

年		凭证	摘要	日	借方											√	贷方											√	借或贷	余额											√
月	日	号数		页	亿	千	百	十	万	千	百	十	元	角	分		亿	千	百	十	万	千	百	十	元	角	分			亿	千	百	十	万	千	百	十	元	角	分	

总 分 类 账

总 页 ______　　分 页 ______

会计		记账	

编 号 ____________

科 目 ____________

年		凭证	摘要	日页	借方											√	贷方											√	借或贷	余额											√
月	日	号数			亿	千	百	十	万	千	百	十	元	角	分		亿	千	百	十	万	千	百	十	元	角	分			亿	千	百	十	万	千	百	十	元	角	分	

总分类账

总页 ______　　会计 ______　记账 ______

分页 ______

编号 ______

科目 ______

年		凭证	摘要	日页	借方										√	贷方										√	借或贷	余额										√
月	日	号数			亿	千	百	十	万	千	百	十	元	角	分		亿	千	百	十	万	千	百	十	元	角	分			亿	千	百	十	万	千	百	十	元	角	分	

总 分 类 账

总 页 ______　　会计 ______　记账 ______　　　　　　编 号 __________

分 页 ______　　　　　　　　　　　　　　　　　　　　科 目 __________

年		凭证号数	摘要	日页	借方											√	贷方											√	借或贷	余额											√
月	日				亿	千	百	十	万	千	百	十	元	角	分		亿	千	百	十	万	千	百	十	元	角	分			亿	千	百	十	万	千	百	十	元	角	分	

总　页 ______　会计 ______　记账 ______

总　分　类　账

编　号 ______

科　目 ______

年		凭证号数	摘要	日页	借方											√	贷方											√	借或贷	余额											√
月	日				亿	千	百	十	万	千	百	十	元	角	分		亿	千	百	十	万	千	百	十	元	角	分			亿	千	百	十	万	千	百	十	元	角	分	

总 分 类 账

总页 ______　　分页 ______

会计		记账	

编号 ______
科目 ______

年		凭证号数	摘要	日页	借方											√	贷方											√	借或贷	余额											√
月	日				亿	千	百	十	万	千	百	十	元	角	分		亿	千	百	十	万	千	百	十	元	角	分			亿	千	百	十	万	千	百	十	元	角	分	

总 分 类 账

总 页 ______　　| 会计 | | 记账 | |　　编 号 ______

分 页 ______　　　　　　　　　　　　　　科 目 ______

年		凭证号数	摘要	日页	借方											√	贷方											√	借或贷	余额											√
月	日				亿	千	百	十	万	千	百	十	元	角	分		亿	千	百	十	万	千	百	十	元	角	分			亿	千	百	十	万	千	百	十	元	角	分	

总 分 类 账

总　页 ______　　会计 ______ 记账 ______　　编　号 ______

分　页 ______　　　　　　　　　　　　　　　科　目 ______

年		凭证号数	摘要	日页	借方											√	贷方											√	借或贷	余额											√
月	日				亿	千	百	十	万	千	百	十	元	角	分		亿	千	百	十	万	千	百	十	元	角	分			亿	千	百	十	万	千	百	十	元	角	分	

总 分 类 账

总　页 ______
分　页 ______

会计		记账	

编　号 ______
科　目 ______

年		凭证	摘要	日页	借方											√	贷方											√	借或贷	余额											√
月	日	号数			亿	千	百	十	万	千	百	十	元	角	分		亿	千	百	十	万	千	百	十	元	角	分			亿	千	百	十	万	千	百	十	元	角	分	

总页 ______　　　　| 会计 | | 记账 | |

分页 ______

总分类账

编号 ______

科目 ______

年		凭证	摘要	日页	借方											√	贷方											√	借或贷	余额											√
月	日	号数			亿	千	百	十	万	千	百	十	元	角	分		亿	千	百	十	万	千	百	十	元	角	分			亿	千	百	十	万	千	百	十	元	角	分	

总 页 ______ | 会计 | | 记账 | |

分 页 ______

总 分 类 账

编 号 ________

科 目 ________

年		凭证号数	摘要	日页	借方											√	贷方											√	借或贷	余额											√
月	日				亿	千	百	十	万	千	百	十	元	角	分		亿	千	百	十	万	千	百	十	元	角	分			亿	千	百	十	万	千	百	十	元	角	分	

总 分 类 账

总页 ______
分页 ______

会计		记账	

编号 ______
科目 ______

年		凭证号数	摘要	日页	借方											√	贷方											√	借或贷	余额											√
月	日				亿	千	百	十	万	千	百	十	元	角	分		亿	千	百	十	万	千	百	十	元	角	分			亿	千	百	十	万	千	百	十	元	角	分	

总 分 类 账

总　页 ______　　分　页 ______

会计		记账	

编　号 ______　　科　目 ______

年		凭证号数	摘要	日页	借方											√	贷方											√	借或贷	余额											√
月	日				亿	千	百	十	万	千	百	十	元	角	分		亿	千	百	十	万	千	百	十	元	角	分			亿	千	百	十	万	千	百	十	元	角	分	

总　分　类　账

总　页 ______　　会计 ______　记账 ______　　编　号 ______

分　页 ______　　　　　　　　　　　　　　　　　科　目 ______

年		凭证号数	摘要	日页	借方											√	贷方											√	借或贷	余额											√
月	日				亿	千	百	十	万	千	百	十	元	角	分		亿	千	百	十	万	千	百	十	元	角	分			亿	千	百	十	万	千	百	十	元	角	分	

总　分　类　账

总　页 ______　　会计 ______　记账 ______　　　　编　号 ______

分　页 ______　　　　　　　　　　　　　　　　　科　目 ______

年		凭证号数	摘要	日页	借方											√	贷方											√	借或贷	余额											√
月	日				亿	千	百	十	万	千	百	十	元	角	分		亿	千	百	十	万	千	百	十	元	角	分			亿	千	百	十	万	千	百	十	元	角	分	

总分类账

总页 ______ 分页 ______

会计		记账	

编号 ______ 科目 ______

年		凭证	摘要	日	借方												贷方												借或贷	余额											
月	日	号数		页	亿	千	百	十	万	千	百	十	元	角	分	√	亿	千	百	十	万	千	百	十	元	角	分	√		亿	千	百	十	万	千	百	十	元	角	分	√

总分类账

总页 ______ 分页 ______

会计		记账	

编号 ____________

科目 ____________

年		凭证号数	摘要	日页	借方											√	贷方											√	借或贷	余额											√
月	日				亿	千	百	十	万	千	百	十	元	角	分		亿	千	百	十	万	千	百	十	元	角	分			亿	千	百	十	万	千	百	十	元	角	分	

总分类账

总页 ______

分页 ______

会计		记账	

编号 ______

科目 ______

年		凭证号数	摘要	日页	借方											√	贷方											√	借或贷	余额											√
月	日				亿	千	百	十	万	千	百	十	元	角	分		亿	千	百	十	万	千	百	十	元	角	分			亿	千	百	十	万	千	百	十	元	角	分	

总　分　类　账

总　页 ______　　会计 ______　记账 ______　　　　编　号 ______

分　页 ______　　　　　　　　　　　　　　　　　　科　目 ______

年		凭证号数	摘要	日页	借方											√	贷方											√	借或贷	余额											√
月	日				亿	千	百	十	万	千	百	十	元	角	分		亿	千	百	十	万	千	百	十	元	角	分			亿	千	百	十	万	千	百	十	元	角	分	

总分类账

总　页 ______　　会计 | 记账　　编　号 ______

分　页 ______　　　　　　　　　　科　目 ______

年		凭证	摘要	日	借方											√	贷方											√	借或贷	余额											√
月	日	号数		页	亿	千	百	十	万	千	百	十	元	角	分		亿	千	百	十	万	千	百	十	元	角	分			亿	千	百	十	万	千	百	十	元	角	分	

总 分 类 账

总　页 ______　　会计 ______ 记账 ______　　编　号 ______

分　页 ______　　　　　　　　　　　　　　　科　目 ______

年		凭证	摘要	日页	借方											√	贷方											√	借或贷	余额											√
月	日	号数			亿	千	百	十	万	千	百	十	元	角	分		亿	千	百	十	万	千	百	十	元	角	分			亿	千	百	十	万	千	百	十	元	角	分	

总分类账

总　页 ______　　分　页 ______

会计		记账	

编　号 ______

科　目 ______

年		凭证号数	摘要	日页	借方											√	贷方											√	借或贷	余额											√
月	日				亿	千	百	十	万	千	百	十	元	角	分		亿	千	百	十	万	千	百	十	元	角	分			亿	千	百	十	万	千	百	十	元	角	分	

总 分 类 账

总 页 ______　　　　会计 ______ 记账 ______　　　　编 号 __________

分 页 ______　　　　　　　　　　　　　　　　　　　科 目 __________

年		凭证		摘要	日页	借方											√	贷方											√	借或贷	余额											√
月	日	号	数			亿	千	百	十	万	千	百	十	元	角	分		亿	千	百	十	万	千	百	十	元	角	分			亿	千	百	十	万	千	百	十	元	角	分	

总分类账

总页 ______　　分页 ______

会计		记账	

编号 ______　　科目 ______

年		凭证	摘要	日页	借方											√	贷方											√	借或贷	余额											√
月	日	号数			亿	千	百	十	万	千	百	十	元	角	分		亿	千	百	十	万	千	百	十	元	角	分			亿	千	百	十	万	千	百	十	元	角	分	

总　页______
分　页______

会计		记账	

总分类账

编　号__________
科　目__________

年		凭证	摘要	日页	借方											√	贷方											√	借或贷	余额											√
月	日	号数			亿	千	百	十	万	千	百	十	元	角	分		亿	千	百	十	万	千	百	十	元	角	分			亿	千	百	十	万	千	百	十	元	角	分	

总分类账

总页 ______ 分页 ______

会计		记账	

编号 __________

科目 __________

年		凭证号数	摘要	日页	借方											√	贷方											√	借或贷	余额											√
月	日				亿	千	百	十	万	千	百	十	元	角	分		亿	千	百	十	万	千	百	十	元	角	分			亿	千	百	十	万	千	百	十	元	角	分	

总 分 类 账

总 页 ______　　会计 ______　记账 ______　　　　编 号 ______

分 页 ______　　　　　　　　　　　　　　　　　科 目 ______

年		凭证	摘要	日页	借方											√	贷方											√	借或贷	余额											√
月	日	号数			亿	千	百	十	万	千	百	十	元	角	分		亿	千	百	十	万	千	百	十	元	角	分			亿	千	百	十	万	千	百	十	元	角	分	

总　分　类　账

总　页 ______　　| 会计 | | 记账 | |　　　　编　号 ______

分　页 ______　　　　　　　　　　　　　　　　　　　科　目 ______

年		凭证	摘要	日	借方											√	贷方											√	借或贷	余额											√
月	日	号数		页	亿	千	百	十	万	千	百	十	元	角	分		亿	千	百	十	万	千	百	十	元	角	分			亿	千	百	十	万	千	百	十	元	角	分	

总　分　类　账

总　页 ______　　会计 ______　记账 ______　　编　号 ______

分　页 ______　　　　　　　　　　　　　　　　科　目 ______

年		凭证号数	摘要	日页	借方											√	贷方											√	借或贷	余额											√
月	日				亿	千	百	十	万	千	百	十	元	角	分		亿	千	百	十	万	千	百	十	元	角	分			亿	千	百	十	万	千	百	十	元	角	分	

总　分　类　账

总　页 ______　　分　页 ______

会计		记账	

编　号 ______　　科　目 ______

年		凭证号数	摘要	日页	借方											√	贷方											√	借或贷	余额											√
月	日				亿	千	百	十	万	千	百	十	元	角	分		亿	千	百	十	万	千	百	十	元	角	分			亿	千	百	十	万	千	百	十	元	角	分	

总 分 类 账

总 页 ______ 分 页 ______

会计		记账	

编 号 ______ 科 目 ______

年		凭证	摘要	日页	借方											√	贷方											√	借或贷	余额											√
月	日	号数			亿	千	百	十	万	千	百	十	元	角	分		亿	千	百	十	万	千	百	十	元	角	分			亿	千	百	十	万	千	百	十	元	角	分	

现金日记账

年		凭证		摘要	对方科目	日页	借方金额											√	贷方金额											√	借或贷	余额											√
月	日	种类	号数				亿	千	百	十	万	千	百	十	元	角	分		亿	千	百	十	万	千	百	十	元	角	分			亿	千	百	十	万	千	百	十	元	角	分	

现 金 日 记 账

年		凭证		摘要	对方科目	日页	借方金额											√	贷方金额											√	借或贷	余额											√
月	日	种类	号数				亿	千	百	十	万	千	百	十	元	角	分		亿	千	百	十	万	千	百	十	元	角	分			亿	千	百	十	万	千	百	十	元	角	分	

现金日记账

年		凭证		摘要	对方科目	日页	借方金额	√	贷方金额	√	借或贷	余额	√
月	日	种类	号数				亿千百十万千百十元角分		亿千百十万千百十元角分			亿千百十万千百十元角分	

现 金 日 记 账

年		凭证		摘要	对方科目	日页	借方金额											√	贷方金额											√	借或贷	余额											√
月	日	种类	号数				亿	千	百	十	万	千	百	十	元	角	分		亿	千	百	十	万	千	百	十	元	角	分			亿	千	百	十	万	千	百	十	元	角	分	

银行存款日记账

年		凭证		摘要	对方科目	日页	借方金额											√	贷方金额											√	借或贷	余额											√
月	日	种类	号数				亿	千	百	十	万	千	百	十	元	角	分		亿	千	百	十	万	千	百	十	元	角	分			亿	千	百	十	万	千	百	十	元	角	分	

银行存款日记账

年		凭证		摘要	对方科目	日页	借方金额											√	贷方金额											√	借或贷	余额											√
月	日	种类	号数				亿	千	百	十	万	千	百	十	元	角	分		亿	千	百	十	万	千	百	十	元	角	分			亿	千	百	十	万	千	百	十	元	角	分	

银行存款日记账

年		凭证		摘要	对方科目	日页	借方金额											√	贷方金额											√	借或贷	余额											√
月	日	种类	号数				亿	千	百	十	万	千	百	十	元	角	分		亿	千	百	十	万	千	百	十	元	角	分			亿	千	百	十	万	千	百	十	元	角	分	

银行存款日记账

年		凭证		摘要	对方科目	日页	借方金额											√	贷方金额											√	借或贷	余额											√
月	日	种类	号数				亿	千	百	十	万	千	百	十	元	角	分		亿	千	百	十	万	千	百	十	元	角	分			亿	千	百	十	万	千	百	十	元	角	分	

明 细 分 类 账

总第______页 分第______页

______级科目编号及名称______

______级科目编号及名称______

年		凭证		摘要	日页	借方金额											√	贷方金额											√	借或贷	余额											√
月	日	种类	号数			亿	千	百	十	万	千	百	十	元	角	分		亿	千	百	十	万	千	百	十	元	角	分			亿	千	百	十	万	千	百	十	元	角	分	

总第________页　分第________页

________级科目编号及名称________________

________级科目编号及名称________________

明　细　分　类　账

年		凭证		摘　要	日页	借方金额											√	贷方金额											√	借或贷	余额											√
月	日	种类	号数			亿	千	百	十	万	千	百	十	元	角	分		亿	千	百	十	万	千	百	十	元	角	分			亿	千	百	十	万	千	百	十	元	角	分	

明细分类账

总第________页　分第________页

________级科目编号及名称________________

________级科目编号及名称________________

年		凭证		摘要	日页	借方金额											√	贷方金额											√	借或贷	余额											√
月	日	种类	号数			亿	千	百	十	万	千	百	十	元	角	分		亿	千	百	十	万	千	百	十	元	角	分			亿	千	百	十	万	千	百	十	元	角	分	

明细分类账

总第______页　分第______页

______级科目编号及名称______

______级科目编号及名称______

年		凭证		摘要	日页	借方金额											√	贷方金额											√	借或贷	余额											√
月	日	种类	号数			亿	千	百	十	万	千	百	十	元	角	分		亿	千	百	十	万	千	百	十	元	角	分			亿	千	百	十	万	千	百	十	元	角	分	

明 细 分 类 账

总第______页 分第______页

______级科目编号及名称______

______级科目编号及名称______

年		凭证		摘要	日页	借方金额											√	贷方金额											√	借或贷	余额											√
月	日	种类	号数			亿	千	百	十	万	千	百	十	元	角	分		亿	千	百	十	万	千	百	十	元	角	分			亿	千	百	十	万	千	百	十	元	角	分	

明 细 分 类 账

总第______页 分第______页

______级科目编号及名称______

______级科目编号及名称______

年		凭证		摘要	日页	借方金额											√	贷方金额											√	借或贷	余额											√
月	日	种类	号数			亿	千	百	十	万	千	百	十	元	角	分		亿	千	百	十	万	千	百	十	元	角	分			亿	千	百	十	万	千	百	十	元	角	分	

明细分类账

总第＿＿＿＿页 分第＿＿＿＿页

＿＿＿＿级科目编号及名称＿＿＿＿＿＿＿＿

＿＿＿＿级科目编号及名称＿＿＿＿＿＿＿＿

年		凭证		摘要	日页	借方金额											√	贷方金额											√	借或贷	余额											√
月	日	种类	号数			亿	千	百	十	万	千	百	十	元	角	分		亿	千	百	十	万	千	百	十	元	角	分			亿	千	百	十	万	千	百	十	元	角	分	

明 细 分 类 账

总第________页　分第________页

________级科目编号及名称________________

________级科目编号及名称________________

年		凭证		摘要	日页	借方金额											√	贷方金额											√	借或贷	余额											√
月	日	种类	号数			亿	千	百	十	万	千	百	十	元	角	分		亿	千	百	十	万	千	百	十	元	角	分			亿	千	百	十	万	千	百	十	元	角	分	

明细分类账

总第________页　分第________页

________级科目编号及名称________________

________级科目编号及名称________________

年		凭证		摘要	日页	借方金额											√	贷方金额											√	借或贷	余额											√
月	日	种类	号数			亿	千	百	十	万	千	百	十	元	角	分		亿	千	百	十	万	千	百	十	元	角	分			亿	千	百	十	万	千	百	十	元	角	分	

明 细 分 类 账

总第________页　分第________页

________级科目编号及名称________________

________级科目编号及名称________________

年		凭证		摘要	日页	借方金额											√	贷方金额											√	借或贷	余额											√
月	日	种类	号数			亿	千	百	十	万	千	百	十	元	角	分		亿	千	百	十	万	千	百	十	元	角	分			亿	千	百	十	万	千	百	十	元	角	分	

明 细 分 类 账

总第________页　分第________页

________级科目编号及名称________________

________级科目编号及名称________________

年		凭证		摘要	日页	借方金额											√	贷方金额											√	借或贷	余额											√
月	日	种类	号数			亿	千	百	十	万	千	百	十	元	角	分		亿	千	百	十	万	千	百	十	元	角	分			亿	千	百	十	万	千	百	十	元	角	分	

明　细　分　类　账

总第________页　分第________页

________级科目编号及名称________________

________级科目编号及名称________________

年		凭证		摘要	日页	借方金额											√	贷方金额											√	借或贷	余额											√
月	日	种类	号数			亿	千	百	十	万	千	百	十	元	角	分		亿	千	百	十	万	千	百	十	元	角	分			亿	千	百	十	万	千	百	十	元	角	分	

总第________页　分第________页

________级科目编号及名称________________

________级科目编号及名称________________

明　细　分　类　账

年		凭证		摘要	日页	借方金额											√	贷方金额											√	借或贷	余额											√
月	日	种类	号数			亿	千	百	十	万	千	百	十	元	角	分		亿	千	百	十	万	千	百	十	元	角	分			亿	千	百	十	万	千	百	十	元	角	分	

明 细 分 类 账

总第________页　分第________页

________级科目编号及名称________________

________级科目编号及名称________________

年		凭证		摘要	日页	借方金额											√	贷方金额											√	借或贷	余额											√
月	日	种类	号数			亿	千	百	十	万	千	百	十	元	角	分		亿	千	百	十	万	千	百	十	元	角	分			亿	千	百	十	万	千	百	十	元	角	分	

明细分类账

总第______页　分第______页

______级科目编号及名称______________

______级科目编号及名称______________

年		凭证		摘要	日页	借方金额											√	贷方金额											√	借或贷	余额											√
月	日	种类	号数			亿	千	百	十	万	千	百	十	元	角	分		亿	千	百	十	万	千	百	十	元	角	分			亿	千	百	十	万	千	百	十	元	角	分	

明 细 分 类 账

总第＿＿＿＿页　分第＿＿＿＿页

＿＿＿＿级科目编号及名称＿＿＿＿＿＿＿＿

＿＿＿＿级科目编号及名称＿＿＿＿＿＿＿＿

年		凭证		摘要	日页	借方金额											√	贷方金额											√	借或贷	余额											√
月	日	种类	号数			亿	千	百	十	万	千	百	十	元	角	分		亿	千	百	十	万	千	百	十	元	角	分			亿	千	百	十	万	千	百	十	元	角	分	

明细分类账

总第＿＿＿＿页　分第＿＿＿＿页

＿＿＿＿级科目编号及名称＿＿＿＿＿＿＿＿

＿＿＿＿级科目编号及名称＿＿＿＿＿＿＿＿

年		凭证		摘要	日页	借方金额											√	贷方金额											√	借或贷	余额											√
月	日	种类	号数			亿	千	百	十	万	千	百	十	元	角	分		亿	千	百	十	万	千	百	十	元	角	分			亿	千	百	十	万	千	百	十	元	角	分	

明 细 分 类 账

总第________页　分第________页

________级科目编号及名称________________

________级科目编号及名称________________

年		凭证		摘要	日页	借方金额											√	贷方金额											√	借或贷	余额											√
月	日	种类	号数			亿	千	百	十	万	千	百	十	元	角	分		亿	千	百	十	万	千	百	十	元	角	分			亿	千	百	十	万	千	百	十	元	角	分	

总第________页　分第________页

________级科目编号及名称________________

________级科目编号及名称________________

明　细　分　类　账

年		凭证		摘　要	日页	借方金额											√	贷方金额											√	借或贷	余额											√
月	日	种类	号数			亿	千	百	十	万	千	百	十	元	角	分		亿	千	百	十	万	千	百	十	元	角	分			亿	千	百	十	万	千	百	十	元	角	分	

明　细　分　类　账

总第________页　分第________页

________级科目编号及名称________________

________级科目编号及名称________________

年		凭证		摘要	日页	借方金额											√	贷方金额											√	借或贷	余额											√
月	日	种类	号数			亿	千	百	十	万	千	百	十	元	角	分		亿	千	百	十	万	千	百	十	元	角	分			亿	千	百	十	万	千	百	十	元	角	分	

总第________页　分第________页

________级科目编号及名称________________

________级科目编号及名称________________

明　细　分　类　账

年		凭证		摘要	日页	借方金额											√	贷方金额											√	借或贷	余额											√
月	日	种类	号数			亿	千	百	十	万	千	百	十	元	角	分		亿	千	百	十	万	千	百	十	元	角	分			亿	千	百	十	万	千	百	十	元	角	分	

明 细 分 类 账

总第________页　分第________页

________级科目编号及名称________________

________级科目编号及名称________________

年		凭证		摘要	日页	借方金额											√	贷方金额											√	借或贷	余额											√
月	日	种类	号数			亿	千	百	十	万	千	百	十	元	角	分		亿	千	百	十	万	千	百	十	元	角	分			亿	千	百	十	万	千	百	十	元	角	分	

明 细 分 类 账

总第________页 分第________页

________级科目编号及名称________________

________级科目编号及名称________________

年		凭证		摘要	日页	借方金额											√	贷方金额											√	借或贷	余额											√
月	日	种类	号数			亿	千	百	十	万	千	百	十	元	角	分		亿	千	百	十	万	千	百	十	元	角	分			亿	千	百	十	万	千	百	十	元	角	分	

明 细 分 类 账

总第________页　分第________页

________级科目编号及名称________________

________级科目编号及名称________________

年		凭证		摘要	日页	借方金额											√	贷方金额											√	借或贷	余额											√
月	日	种类	号数			亿	千	百	十	万	千	百	十	元	角	分		亿	千	百	十	万	千	百	十	元	角	分			亿	千	百	十	万	千	百	十	元	角	分	

明细分类账

总第________页　分第________页

________级科目编号及名称________________

________级科目编号及名称________________

年		凭证		摘要	日页	借方金额											√	贷方金额											√	借或贷	余额											√
月	日	种类	号数			亿	千	百	十	万	千	百	十	元	角	分		亿	千	百	十	万	千	百	十	元	角	分			亿	千	百	十	万	千	百	十	元	角	分	

明　细　分　类　账

总第________页　分第________页

________级科目编号及名称________________

________级科目编号及名称________________

年		凭证		摘　要	日页	借方金额											√	贷方金额											√	借或贷	余额											√
月	日	种类	号数			亿	千	百	十	万	千	百	十	元	角	分		亿	千	百	十	万	千	百	十	元	角	分			亿	千	百	十	万	千	百	十	元	角	分	

明细分类账

总第______页　分第______页

______级科目编号及名称______

______级科目编号及名称______

年		凭证		摘要	日页	借方金额											√	贷方金额											√	借或贷	余额											√
月	日	种类	号数			亿	千	百	十	万	千	百	十	元	角	分		亿	千	百	十	万	千	百	十	元	角	分			亿	千	百	十	万	千	百	十	元	角	分	

明 细 分 类 账

总第________页　分第________页

________级科目编号及名称________________

________级科目编号及名称________________

年		凭证		摘要	日页	借方金额											√	贷方金额											√	借或贷	余额											√
月	日	种类	号数			亿	千	百	十	万	千	百	十	元	角	分		亿	千	百	十	万	千	百	十	元	角	分			亿	千	百	十	万	千	百	十	元	角	分	

明细分类账

总第________页　分第________页

________级科目编号及名称________________

________级科目编号及名称________________

年		凭证		摘要	日页	借方金额											√	贷方金额											√	借或贷	余额											√
月	日	种类	号数			亿	千	百	十	万	千	百	十	元	角	分		亿	千	百	十	万	千	百	十	元	角	分			亿	千	百	十	万	千	百	十	元	角	分	

明细分类账

总第______页　分第______页

______级科目编号及名称______

______级科目编号及名称______

年		凭证		摘要	日页	借方金额											√	贷方金额											√	借或贷	余额											√
月	日	种类	号数			亿	千	百	十	万	千	百	十	元	角	分		亿	千	百	十	万	千	百	十	元	角	分			亿	千	百	十	万	千	百	十	元	角	分	

总第________页　分第________页

______级科目编号及名称________________

______级科目编号及名称________________

明　细　分　类　账

年		凭证号数	摘要	（　　）方																																																						
月	日			百	十	万	千	百	十	元	角	分	十	万	千	百	十	元	角	分	十	万	千	百	十	元	角	分	十	万	千	百	十	元	角	分	十	万	千	百	十	元	角	分	十	万	千	百	十	元	角	分	十	万	千	百	十	元	角	分

总第________页 分第________页

______级科目编号及名称__________________

______级科目编号及名称__________________

明 细 分 类 账

年		凭证	摘要	（ ）方						
月	日	号数								
				百十万千百十元角分	十万千百十元角分	十万千百十元角分	十万千百十元角分	十万千百十元角分	十万千百十元角分	十万千百十元角分

总第________页　分第________页

______级科目编号及名称__________________

______级科目编号及名称__________________

明 细 分 类 账

年		凭证号数	摘要	（　　）方																																																						
月	日			百	十	万	千	百	十	元	角	分	十	万	千	百	十	元	角	分	十	万	千	百	十	元	角	分	十	万	千	百	十	元	角	分	十	万	千	百	十	元	角	分	十	万	千	百	十	元	角	分	十	万	千	百	十	元	角	分

总第______页　分第______页

______级科目编号及名称______________

______级科目编号及名称______________

明　细　分　类　账

年		凭证号数	摘要	(　　)方																																																					
月	日			百	十	万	千	百	十	元	角	分	十	万	千	百	十	元	角	分	十	万	千	百	十	元	角	分	十	万	千	百	十	元	角	分	十	万	千	百	十	元	角	分	十	万	千	百	十	元	角	分	十	万	千	百	十	元	角	分

总第________页　分第________页

______级科目编号及名称__________________

______级科目编号及名称__________________

明　细　分　类　账

年		凭证号数	摘要	（　　）方																																																							
月	日			百	十	万	千	百	十	元	角	分	十	万	千	百	十	元	角	分	十	万	千	百	十	元	角	分	十	万	千	百	十	元	角	分	十	万	千	百	十	元	角	分	十	万	千	百	十	元	角	分	十	万	千	百	十	元	角	分

总第________页　分第________页

______级科目编号及名称__________________

______级科目编号及名称__________________

明　细　分　类　账

年		凭证号数	摘　要	（　　）方						
月	日			百十万千百十元角分	十万千百十元角分	十万千百十元角分	十万千百十元角分	十万千百十元角分	十万千百十元角分	十万千百十元角分

总第________页 分第________页

______级科目编号及名称____________________

______级科目编号及名称____________________

明 细 分 类 账

年		凭证号数	摘要	（ ）方																																																								
月	日			百	十	万	千	百	十	元	角	分	十	万	千	百	十	元	角	分	十	万	千	百	十	元	角	分	十	万	千	百	十	元	角	分	十	万	千	百	十	元	角	分	十	万	千	百	十	元	角	分	十	万	千	百	十	元	角	分

总第________页　分第________页

______级科目编号及名称 ________________

______级科目编号及名称 ________________

明 细 分 类 账

年		凭证号数	摘要	（　　）方																																																						
月	日			百	十	万	千	百	十	元	角	分	十	万	千	百	十	元	角	分	十	万	千	百	十	元	角	分	十	万	千	百	十	元	角	分	十	万	千	百	十	元	角	分	十	万	千	百	十	元	角	分	十	万	千	百	十	元	角	分

总第________页　分第________页

______级科目编号及名称__________________

______级科目编号及名称__________________

明　细　分　类　账

年		凭证号数	摘要	（　　）方						
月	日									
				百十万千百十元角分	十万千百十元角分	十万千百十元角分	十万千百十元角分	十万千百十元角分	十万千百十元角分	十万千百十元角分

总第________页　分第________页

______级科目编号及名称____________________

______级科目编号及名称____________________

明　细　分　类　账

年		凭证号数	摘要	（　　）方																																																					
月	日			百	十	万	千	百	十	元	角	分	十	万	千	百	十	元	角	分	十	万	千	百	十	元	角	分	十	万	千	百	十	元	角	分	十	万	千	百	十	元	角	分	十	万	千	百	十	元	角	分	十	万	千	百	十	元	角	分

明细分类账

编号______ 页次______ 总页______

货名______________

存储地点______________ 最高存量____ 最低存量____ 计量单位____ 规格__________ 类别__________

年		凭证		摘要	收入（借方）												发出（贷方）												结存											
					数量	单价	金额										数量	单价	金额										数量	单价	金额									
月	日	种类	号数				千	百	十	万	千	百	十	元	角	分			千	百	十	万	千	百	十	元	角	分			千	百	十	万	千	百	十	元	角	分

明细分类账

编号_______ 页次________ 总页_______

货名______________________________

存储地点____________________ 最高存量_____ 最低存量_____ 计量单位_____ 规格_______________ 类别______________

年		凭证		摘要	收入（借方）												发出（贷方）												结存											
							金额												金额												金额									
月	日	种类	号数		数量	单价	千	百	十	万	千	百	十	元	角	分	数量	单价	千	百	十	万	千	百	十	元	角	分	数量	单价	千	百	十	万	千	百	十	元	角	分

明细分类账

编号________ 页次________ 总页________

货名______________________________

规格______________ 类别____________

存储地点____________________ 最高存量_____ 最低存量_____ 计量单位_____

年		凭证		摘要	收入（借方）												发出（贷方）												结存											
月	日	种类	号数		数量	单价	金额										数量	单价	金额										数量	单价	金额									
							千	百	十	万	千	百	十	元	角	分			千	百	十	万	千	百	十	元	角	分			千	百	十	万	千	百	十	元	角	分

明细分类账

编号________页次__________总页________

货名______________________________

存储地点____________________　　最高存量______　最低存量______　计量单位______　　规格______________类别____________

年		凭证		摘要	收入（借方）												发出（贷方）												结存											
月	日	种类	号数		数量	单价	金额										数量	单价	金额										数量	单价	金额									
							千	百	十	万	千	百	十	元	角	分			千	百	十	万	千	百	十	元	角	分			千	百	十	万	千	百	十	元	角	分

明细分类账

编号________ 页次________ 总页________

货名________________________________

规格________________ 类别____________

存储地点____________________ 最高存量_____ 最低存量_____ 计量单位_____

年		凭证		摘要	收入（借方）												发出（贷方）												结存											
月	日	种类	号数		数量	单价	金额										数量	单价	金额										数量	单价	金额									
							千	百	十	万	千	百	十	元	角	分			千	百	十	万	千	百	十	元	角	分			千	百	十	万	千	百	十	元	角	分

明细分类账

编号________ 页次________ 总页________

货名________________________________

存储地点________________ 最高存量____ 最低存量____ 计量单位____ 规格______________ 类别____________

年		凭证		摘要	收入（借方）												发出（贷方）												结存											
月	日	种类	号数		数量	单价	金额										数量	单价	金额										数量	单价	金额									
							千	百	十	万	千	百	十	元	角	分			千	百	十	万	千	百	十	元	角	分			千	百	十	万	千	百	十	元	角	分

固定资产明细分类账

总页 ______ 分页 ______

耐用年限：________　　　　　　使用部门：________　　　　　　固定资产编号：________

残　　值：______ %　____元　　存放地点：________　　　　　　固定资产名称：________

折旧率每年：_____ %　每月___ %　　厂名型号：________　　　　固定资产规格：________

折旧额每年：_____ 元　每月___ 元　　始用日期：________　　　　计量单位：________

日期			凭证号数	摘要	数量	单价	原价或重置价值			已使用年数	折旧			净值
							借方	贷方	余额		借方	贷方	累计折旧额	
年	月	日					千百十万千百十元角分	千百十万千百十元角分	千百十万千百十元角分		千百十万千百十元角分	千百十万千百十元角分	千百十万千百十元角分	千百十万千百十元角分

固 定 资 产 明 细 分 类 账

总页 ______ 分页 ______

耐用年限：________　　　　使用部门：________________　　　　固定资产编号：________________

残　　值：______ % ___元　　存放地点：________________　　　　固定资产名称：________________

折旧率每年：_____ % 每月___ %　　厂名型号：________________　　　　固定资产规格：________________

折旧额每年：_____ 元 每月___ 元　　始用日期：________________　　　　计 量 单 位：________________

日期			凭证号数	摘要	数量	单价	原价或重置价值																														已使用年数	折旧																														净值									
							借方										贷方										余额											借方										贷方										累计折旧额																			
年	月	日					千	百	十	万	千	百	十	元	角	分	千	百	十	万	千	百	十	元	角	分	千	百	十	万	千	百	十	元	角	分		千	百	十	万	千	百	十	元	角	分	千	百	十	万	千	百	十	元	角	分	千	百	十	万	千	百	十	元	角	分	千	百	十	万	千	百	十	元	角	分

固定资产明细分类账

总页 ______ 分页 ______

耐用年限：________ 使用部门：________ 固定资产编号：________

残　　值：______ % ___元 存放地点：________ 固定资产名称：________

折旧率每年：_____ % 每月___ % 厂名型号：________ 固定资产规格：________

折旧额每年：_____ 元 每月___ 元 始用日期：________ 计量单位：________

日期			凭证号数	摘要	数量	单价	原价或重置价值																														已使用年数	折旧																														净值									
							借方										贷方										余额											借方										贷方										累计折旧额																			
年	月	日					千	百	十	万	千	百	十	元	角	分	千	百	十	万	千	百	十	元	角	分	千	百	十	万	千	百	十	元	角	分		千	百	十	万	千	百	十	元	角	分	千	百	十	万	千	百	十	元	角	分	千	百	十	万	千	百	十	元	角	分	千	百	十	万	千	百	十	元	角	分

固定资产明细分类账

总页 ______ 分页 ______

耐用年限：________
残　　值：_______ %　___元
折旧率每年：_____ %　每月___ %
折旧额每年：_____ 元　每月___ 元

使用部门：__________________
存放地点：__________________
厂名型号：__________________
始用日期：__________________

固定资产编号：__________________
固定资产名称：__________________
固定资产规格：__________________
计 量 单 位：__________________

日期			凭证号数	摘要	数量	单价	原价或重置价值			已使用年数	折旧			净值
							借方	贷方	余额		借方	贷方	累计折旧额	
年	月	日					千百十万千百十元角分	千百十万千百十元角分	千百十万千百十元角分		千百十万千百十元角分	千百十万千百十元角分	千百十万千百十元角分	千百十万千百十元角分

榕城公司

明细分类账

________年________月________日至________年________月________日

第________册（本月共________册）

保管期限________年

会计主管：________装订人：________

榕城公司

总分类账

________年________月________日至________年________月________日

第________册（本月共________册）

保管期限________年

会计主管：________装订人：________

账簿使用登记表

<table>
<tr><td colspan="2">使用者名称</td><td colspan="2"></td><td colspan="2">印　鉴</td></tr>
<tr><td colspan="2">账簿名称</td><td colspan="2"></td><td colspan="2" rowspan="4"></td></tr>
<tr><td colspan="2">账簿编号</td><td colspan="2"></td></tr>
<tr><td colspan="2">账簿页数</td><td colspan="2">本账簿共　　页</td></tr>
<tr><td colspan="2">启用日期</td><td colspan="2">年　　月　　日</td></tr>
<tr><td colspan="2">责任者</td><td>主管</td><td>会计</td><td>记账</td><td>稽核</td></tr>
<tr><td colspan="2"></td><td></td><td></td><td></td><td></td></tr>
<tr><td rowspan="6">经管人姓名及交接日期</td><td rowspan="2"></td><td colspan="2">接管　　年　月　日</td><td colspan="2"></td></tr>
<tr><td colspan="2">交出　　年　月　日</td><td colspan="2"></td></tr>
<tr><td rowspan="2"></td><td colspan="2">接管　　年　月　日</td><td colspan="2"></td></tr>
<tr><td colspan="2">交出　　年　月　日</td><td colspan="2"></td></tr>
<tr><td rowspan="2"></td><td colspan="2">接管　　年　月　日</td><td colspan="2"></td></tr>
<tr><td colspan="2">交出　　年　月　日</td><td colspan="2"></td></tr>
<tr><td>备注</td><td colspan="5"></td></tr>
</table>

目　录　表

科目代码	总账科目	明细科目	账页起止页

账簿使用登记表

使用者名称			印鉴	
账簿名称				
账簿编号				
账簿页数	本账簿共 页			
启用日期	年 月 日			
责任者	主管	会计	记账	稽核
经管人姓名及交接日期		接管 年 月 日		
		交出 年 月 日		
		接管 年 月 日		
		交出 年 月 日		
		接管 年 月 日		
		交出 年 月 日		
备注				

目录表

科目代码	总账科目	明细科目	账页起止页

★参考答案：总账账户金额

账户名称	期初余额		本期发生额累计		期末余额	
	借方	贷方	借方	贷方	借方	贷方
库存现金	465		20. 00	145. 00	340. 00	
银行存款	95 225		160 120. 53	31 141. 13	224 204. 40	
交易性金融资产	39 500				39 500. 00	
应收账款	16 000		55 935	10 000. 00	61 935. 00	
其他应收款	3 500		1 200. 00	1 450. 00	3 250. 00	
在途物资	3 000		1 600. 00	3 000. 00	1 600. 00	
原材料	24 440		3 000. 00	14 000. 00	13 440. 00	
生产成本	5 000		29 051. 80	34 051. 80		
制造费用			7 058. 80	7 058. 80		
库存商品	33 500		34 051. 80	26 750. 00	40 801. 80	
固定资产	800 000		180 000. 00		980 000. 00	
累计折旧		160 000		2 517. 00		162 517. 00
在建工程	180 000			180 000. 00		
短期借款		110 000		100 000. 00		210 000. 00
应付账款		19 800	4 800. 00			15 000. 00
预收账款		5 000				5 000. 00
其他应付款		800				800. 00
应付职工薪酬		10 000		11 905. 00		21 905. 00
应交税费		13 680	20 115. 00	37 750. 62		31 315. 62
应付利息		150	150. 00			
应付利润				14 616. 72		14 616. 72
实收资本		650 000		50 000. 00		700 000. 00
盈余公积		74 390		7 308. 36		81 698. 36
本年利润		85 750	135 250	49 500. 00		
利润分配		71 060	43 850. 16	95 008. 66		122 218. 50
主营业务收入			49 500. 00	49 500. 00		
主营业务成本			26 750. 00	26 750. 00		
税金及附加			722. 22	722. 22		
管理费用			1 995. 20	1 995. 20		
销售费用			8 000. 00	8 000. 00		
财务费用			458. 33	458. 33		
所得税费用			24 361. 2	24 361. 2		
合计	1 200 630	1 200 630	787 990. 04	787 990. 04	1 365 071. 20	1 365 071. 20

第五章

财务报表系统实验

一、实验目的

财务报表实验旨在使学生掌握根据总账、明细账的余额或发生额编制资产负债表、利润表和现金流量表以及所有者权益变动表。

二、实验工作规范

1. 按照会计准则和会计制度的规定，定期编制财务报告。财务报告包括财务报表及其说明。财务报表包括财务报表主表、财务报表附表、财务报表附注。

2. 对外报送的财务报告应当根据会计准则和会计制度的规定和要求编制。单位内部使用的财务会计报告，其格式和要求由单位自行规定。

3. 财务报表应当根据登记完整、核对无误的会计账簿记录和其他有关资料编制，做到数字真实、计算准确、内容完整、说明清楚。任何人不得篡改或者授意、指使、强令他人篡改财务报表的有关数字。

4. 财务报表之间、财务报表各项目之间，凡有对应关系的数字，应当相互一致。本期财务报表与上期财务报表之间有关的数字应当相互衔接。如果不同会计年度财务报表中各项目的内容和核算方法有变更的，应当在年度财务报表中加以说明。

5. 公司应当按照规定认真编写财务报表附注及其说明，做到项目齐全，内容完整。

6. 公司应当按照国家规定的期限对外报送财务报告。对外报送的财务会计报告，应当依次编定页码，加具封面，装订成册，加盖公章。封面上应当注明：单位名称，单位地址，财务报告所属年度、季度、月度，送出日期，并由单位领导人、总会计师、会计机构负责人、会计主管人员签名或者盖章。单位领导人对财务报告的合法性、真实性负法律责任。

7. 根据法律和国家有关规定应当对财务会计报告进行审计的，财务会计报告编制单位应当委托注册会计师进行审计，并将注册会计师出具的审计报告随同财务会计报告按照规定的期限报送有关部门。

8. 如果发现对外报送的财务会计报告有错误，应当及时办理更正手续。除更正本单位留存的财务报告外，并应同时通知接受财务报告的单位更正。错误较多的，应当重新编报。

9. 资产负债表“期末余额”栏内各项数字，一般应根据资产、负债和所有者权益类科目的期末余额填列。主要包括以下方式：

（1）根据总账科目余额填列。资产负债表中的有些项目，可直接根据有关总账科目的余额填列，如“交易性金融资产”“短期借款”“应付票据”“应付职工薪酬”等项目；有些项目则需根据几个总账科目的期末余额计算填列，如“货币资金”项目，需根据“库存现金”“银行存款”“其他货币资金”三个总账科目的期末余额的合计数填列。“未分配利润”项目，需根据“本年利润”“利润分配”两个总账科目的期末余额的合计数填列。

（2）根据明细账科目余额计算填列。如资产负债表中“应付票据及应付账款”项目，需要分别计算“应付票据”的期末余额，以及根据“应付账款”和“预付账款”等科目所属的相关明细科目的期末贷方余额之和计算填列；“应收票据及应收账款”项目，需要分别计算“应收票据”的期末余额，以及根据“应收账款”和“预收账款”两个科目所属的相关明细科目的期末借方余额之和计算填列。

（3）根据总账科目和明细账科目余额分析计算填列。如资产负债表中“长期借款”项目，需要根据“长期借款”总账科目余额扣除“长期借款”科目所属的明细科目中将在一年内到期，且企业不能自主地将清偿义务展期的长期借款后的金额计算填列。

（4）根据有关科目余额减去其备抵科目余额后的净额填列。如资产负债表中“应收账款”项目应当根据“应收账款”和“预收账款”两个科目所属的相关明细科目的期末借方余额之和减去“坏账准备”科目余额后的净额填列。“固定资产”项目，应当根据“固定资产”科目的期末余额减去“累计折旧”“固定资产减值准备”备抵科目余额后的净额填列等。

（5）综合运用上述填列方法分析填列。如资产负债表中“存货”项目，需要根据“原材料”“库存商品”“材料采购”“生产成本”“发出商品”“委托加工物资”“周转材料”“材料成本差异”等总账科目期末余额的分析汇总数，再减去“存货跌价准备”科目余额后的净额填列。

10. 利润表“本期金额”栏内各项数字一般应根据损益类科目的发生额分析填列。

11. 现金流量表一般应根据资产负债表、利润表和有关会计科目明细账的记录，分析计算填列。

12. 所有者权益变动表“本年金额”栏内各项数字一般应根据“实收资本(或股本)”“资本公积”“盈余公积”“利润分配”“库存股”“以前年度损益调整”科目的发生额分析填列。

三、实验操作程序

1. 根据总账、明细账余额填制资产负债表。
2. 根据总账发生额填制利润表。
3. 根据部分总账的发生额填制所有者权益变动表。
4. 根据资产负债表、利润表及有关会计科目明细账的记录，填制现金流量表。

四、演练用财务报表资料

资产负债表

编制单位：　　　　　　　　　　　　年　月　日　　　　　　　　　　单位：元

资　　产	年初数	期末数	负债及所有者权益	年初数	期末数
流动资产：			流动负债：		
货币资金			短期借款		
交易性金融资产			交易性金融负债		
衍生金融资产			衍生金融负债		
应收票据及应收账款			应付票据及应付账款		
预付款项			预收款项		
其他应收款			合同负债		
存货			应付职工薪酬		
合同资产			应交税费		
持有待售资产			其他应付款		
一年内到期的非流动资产			持有待售负债		
其他流动资产			一年内到期的非流动负债		
流动资产合计			其他流动负债		
非流动资产：			流动负债合计		
债权投资			非流动负债：		
其他债权投资			长期借款		
长期应收款			应付债券		
长期股权投资			长期应付款		
其他权益工具投资			预计负债		
其他非流动金融资产			递延收益		
投资性房地产			递延所得税负债		
固定资产			其他非流动负债		
在建工程			非流动负债合计		
生产性生物资产			负债合计		
油气资产			所有者权益：		
无形资产			实收资本		
开发支出			其他权益工具		
商誉			资本公积		
长期待摊费用			其他综合收益		
递延所得税资产			盈余公积		
其他非流动资产			未分配利润		
非流动资产合计			所有者权益合计		
资产总计			负债及所有者权益总计		

利　润　表

编制单位：　　　　　　　　　　　　　　　　　　______年　　　　　　　　　　　　　　　　　　单位：元

项　　目	本年金额	上年金额
一、营业收入		
减：营业成本		
税金及附加		
销售费用		
管理费用		
研发费用		
财务费用		
资产减值损失		
信用减值损失		
加：投资收益（损失以“－”号填列）		
公允价值变动收益（损失以“－”号填列）		
其中：对联营企业和合营企业的投资收益		
资产处置损益（损失以“□”号填列）		
二、营业利润（亏损以“－”号填列）		
加：营业外收入		
减：营业外支出		
其中：非流动资产处置损失		
三、利润总额（亏损总额以“－”号填列）		
减：所得税费用		
四、净利润（净亏损以“－”号填列）		
五、其他综合收益的税后净额		
（一）不能重分类进损益的其他综合收益		
（二）将重分类进损益的其他综合收益		
六、综合收益总额		
七、每股收益		
（一）基本每股收益		
（二）稀释每股收益		

所有者权益变动表

编制单位：　　　　　　　　年度　　　　　　　　单位：元

项　目	本期数						上期数					
	实收资本（或股本）	资本公积	减：库存股	盈余公积	未分配利润	所有者权益合计	实收资本（或股本）	资本公积	减：库存股	盈余公积	未分配利润	所有者权益合计
一、上年年末余额												
加：会计政策变更												
前期差错更正												
二、本年年初余额												
三、本年增减变动金额（减少以“－”号填列）												
（一）净利润												
（二）直接计入所有者权益的利得和损失												
1. 可供出售金融资产公允价值变动净额												
2. 权益法下被投资单位其他所有者权益变动的影响												
3. 与计入所有者权益项目相关的所得税影响												
4. 其他												

续表

项目	本期数						上期数					
	实收资本（或股本）	资本公积	减：库存股	盈余公积	未分配利润	所有者权益合计	实收资本（或股本）	资本公积	减：库存股	盈余公积	未分配利润	所有者权益合计
上述（一）和（二）小计												
（三）所有者投入和减少资本												
1. 所有者投入资本												
2. 股份支付计入所有者权益的金额												
3. 其他												
（四）利润分配												
1. 提取盈余公积												
2. 对所有者（或股东）的分配												
3. 其他												
（五）所有者权益内部结转												
1. 资本公积转增资本（或股本）												
2. 盈余公积转增资本（或股本）												
3. 盈余公积弥补亏损												
4. 其他												
四、本年年末余额												

现金流量表

编制单位： 年度 单位：元

项　　目	本期金额	上期金额
一、经营活动产生的现金流量：		
销售商品、提供劳务收到的现金		
收到的税费返还		
收到其他与经营活动有关的现金		
经营活动现金流入小计		
购买商品、接受劳务支付的现金		
支付给职工以及为职工支付的现金		
支付的各项税费		
支付其他与经营活动有关的现金		
经营活动现金流出小计		
经营活动产生的现金流量净额		
二、投资活动产生的现金流量		
收回投资收到的现金		
取得投资收益收到的现金		
处置固定资产、无形资产和其他长期资产收回的现金净额		
处置子公司及其他营业单位收到的现金净额		
收到其他与投资活动有关的现金		
投资活动现金流入小计		
购建固定资产、无形资产和其他长期资产支付的现金		
投资支付的现金		
取得子公司及其他营业单位支付的现金净额		
支付其他与投资活动有关的现金		
投资活动现金流出小计		
投资活动产生的现金流量净额		
三、筹资活动产生的现金流量：		
吸收投资收到的现金		
取得借款收到的现金		
收到其他与筹资活动有关的现金		
筹资活动现金流入小计		
偿还债务支付的现金		
分配股利、利润或偿付利息支付的现金		
支付其他与筹资活动有关的现金		
筹资活动现金流出小计		
筹资活动产生的现金流量净额		
四、汇率变动对现金及现金等价物的影响		
五、现金及现金等价物净增加额		
加：期初现金及现金等价物余额		
六、期末现金及现金等价物余额		

现金流量表补充资料

补充资料	本期数	上期数
1. 将净利润调节为经营活动现金流量：		
净利润		
加：资产减值准备		
固定资产折旧、油气资产折耗、生产性生物资产折旧		
无形资产摊销		
长期待摊费用摊销		
处置固定资产、无形资产和其他长期资产的损失（收益以“－”号填列）		
固定资产报废损失（收益以“－”号填列）		
公允价值变动损失（收益以“－”号填列）		
财务费用（收益以“－”号填列）		
投资损失（收益以“－”号填列）		
递延所得税资产减少（增加以“－”号填列）		
递延所得税负债增加（减少以“－”号填列）		
存货的减少（增加以“－”号填列）		
经营性应收项目的减少（增加以“－”号填列）		
经营性应付项目的增加（减少以“－”号填列）		
其他		
经营活动产生的现金流量净额		
2. 不涉及现金收支的重大投资和筹资活动：		
债务转为资本		
一年内到期的可转换公司债券		
融资租入固定资产		
3. 现金及现金等价物净变动情况：		
现金的期末余额		
减：现金的期初余额		
加：现金等价物的期末余额		
减：现金等价物的期初余额		
现金及现金等价物净增加额		

五、参考答案

本实验 12 月 31 日的“资产负债表”中“资产总计”期末金额为 1 202 554. 20 元，“负债合计”期末金额为 298 637. 34 元，“所有者权益合计”期末金额为 903 916. 86 元；年报“利润表”中“净利润”本年累计金额为 73 083. 58 元。

第三篇　会计信息化实验

第六章

实验上机系统基础设置

第一节 实验系统管理

一、实验目的

系统学习会计学基本方法在计算机系统中应用的基本操作，掌握会计系统管理的主要功能和操作方法，理解系统管理在财务软件应用中的重要地位，掌握在系统管理中设置用户、建立企业账套和设置用户权限的方法，熟悉账套输出和引入的方法。

二、实验要求

· 增加用户
· 建立账套（不进行系统启用的设置）
· 设置用户权限
· 设置备份计划
· 账套备份

三、考核形式

上机操作，完成电子账务相关流程。

四、实验准备

已安装用友 ERP－U10 管理软件，根据资料将系统日期修改为“2020 年 12 月 1 日”。

五、操作指导

（一）以系统管理员身份登录系统管理

操作步骤：

1. 执行“开始”—“程序”—“用友 ERP－U10”—“系统服务”—“系统管理”命令，进入“用友 ERP－U10［系统管理］”窗口。

2. 执行“系统”—“注册”命令，打开“登录”系统管理对话框。

3. 系统预设了一个系统管理员 admin，第一次运行时，系统管理员密码为空。单击“确定”，以系统管理员身份进入系统管理。

提示：

系统管理员的初始密码为空。为保证系统运行的安全性，在企业实际应用中应当及时为系统管理员设置密码。但在教学实验过程中，由于多人共用一套系统，为了避免由于他人不知道系统管理员密码而无法以管理员身份进入系统的情况，建议不要设置系统管理员密码。

（二）增加用户

只有系统管理员（admin）才能进行增加用户的操作。

操作步骤：

1. 以系统管理员身份登录系统管理，执行“权限”—“用户”命令，打开“用户管理”对话框。

2. 单击“增加”按钮，打开“增加用户”对话框，录入编号“001”、姓名、口令及确认口令，所属部门等相关资料。在所属角色列表中选中“账套主管”前的复选框。

3. 单击“增加”按钮，依次设置其他操作员。设置完成后单击“取消”退出。

提示：

在增加用户时可以直接指定用户所属角色。如：×××。由于系统已经为预设的角色赋予了相应的权限，因此，如果在增加用户时就指定相应角色，则其自动拥有该角色的所有权限。如果该用户所拥有的权限和该角色的权限不完全相同，可以在“权限”功能中进行修改。

（三）建立账套

只有系统管理员可以建立企业账套。建账过程在建账向导的引导下完成。

操作步骤：

1. 以系统管理员身份注册进入系统管理，执行“账套”—“建立”命令，打开“账套信息”对话框。

2. 根据前述案例资料，录入账套号及账套名称、启用会计期等信息。

提示：

账套号是账套的唯一标识，可以自行设置3位数字，但不允许与已存账套的号码重复，设置后不允许修改。

账套名称是账套的另外一种标识方法，它将与账套号一起显示在屏幕上。账套名称可以自行设置，并可以由账套主观在修改账套功能中进行修改。

系统默认的账套路径是用友ERP－U10的安装路径，可以进行修改。

建立账套时系统会将启用会计期自动默认为系统日期，应注意根据所给资料进行修改，否则将会影响到企业的系统初始化及日常业务处理等操作。

3. 单击“下一步”，打开“单位信息”对话框。

4. 录入单位信息。

5. 单击“下一步”，打开“核算类型”对话框。

6. 单击“账套主管”栏的下三角按钮，选择主管人员，其他采取系统默认。

7. 单击“下一步”，打开“基础信息”对话框。

8. 按照资料要求，根据实验企业的实际判断是否勾选“存货是否分类”及“客户是否分类”的复选框。

9. 单击“完成”，弹出系统提示“可以创建账套了吗?”单击“是”按钮，根据提示，稍后打开“分类编码方案”对话框。

注意：

此处操作时，系统响应时间较长，请勿操作，等待系统自动弹出下一步操作框。

10. 按照所给资料修改分类编码。

分类编码方案：

科目编码级次：4222

客户分类编码级次：123

部门编码级次：233

存货分类编码级次：122

收发类别编码级次：12

结算方式编码级次：12

提示：

编码方案的设置，将会直接影响基础信息设置中相应内容的编码级次及每级编码的位长。

删除编码级次时，必须从最后一级向前依次删除。

11. 单击“确定”，再单击“取消”，打开“数据精度”对话框。

12. 默认系统预设的数据精度，单击“确定”，等待系统弹出信息提示框，“现在进行系统启用的设置?”

提示：

如果操作过程中选择“是”，则可以直接进行“系统启用”的设置，如果选择“否”，则先结束建账过程，之后在企业应用平台中的基础信息里再进行系统启用设置。

13. 单击“否”，先结束建账过程。系统提示“请进入企业应用平台进行业务操作!”提示，单击“确定”返回系统管理。

（四）设置操作员权限

设置操作员权限的工作应当由系统管理员（admin）或该账套的主管，在系统管理中的权限功能中完成。在权限功能中既可以对角色赋权，也可以对用户赋权。如果在设置账套时已经正确地选择了该账套的主管，则此时可以查看；否则，可以在权限功能中设置账套主管。如果在设置用户时已经指定该用户的所属角色，并且该角色已经被赋权，则该用户已经拥有了与所选角色相同的权限，如果经查看后发现该用户的权限并不与该角色完全相同，那么可在权限功能中进行修改，如果在设置用户时并非指定该用户所属的角色，或虽已指定该用户所属的角色，但该角色并非进行权限设置，则该用户的权限应直接在权限功能中进行设置，或者应先设置角色权限再设置用户并指定该用户所属的角色，则角色的权限自动传递给用户。

操作步骤：

1. 在系统管理中，执行“权限”—“权限”命令，打开操作员权限对话框。

2. 在“账套主管”右边的下拉列表框里选择所操作的账套。

3. 可打开左侧的操作员列表，选择特定操作员，查看是否为主管。

4. 为具体的操作员赋权：在“操作员权限”对话框中，选择具体的某位操作员，如果在新增用户时已经赋予了其“总账会计”角色，则右边对应窗口中将自动显示总账会计所具有的权限。

单击“修改”，打开“增加和调整权限”对话框。

在“增加和调整权限”对话框中，单击“（GL）总账”前的复选框，双击总账、凭证前的“+”号标记，展开下级菜单进行选择。

单击“确定”返回。

5. 出纳赋权

在操作员权限窗口中选择出纳员，单击“修改”，打开“增加和调整权限”对话框，找到“（GL）总账”前的“+”标记，依次展开总账、凭证之前的“+”标记。

单击“（GL）总账”下的“出纳签字”复选框，再单击“（GL04）出纳”前的复选框，单击“确定”返回。

注意：

如果未经过该设置，则指定的出纳员无法执行出纳签字功能。如果在设置用户时已经指定了具体“出纳”角色，此时只需要再赋予“出纳签字”权限即可。

（五）修改账套

修改账套的工作应由账套主管在系统管理中的“账套”—“修改”中完成，如果此时已经由其他操作员注册系统管理，则应当先注销该用户，再由账套主管重新注册。

（六）账套备份

账套备份工作应当由系统管理员（admin）在系统管理中的“账套—输出”功能中完成。实验过程中的及时备份是十分必要的。

操作步骤：

1. 在D盘中新建文件夹，可以账套名称命名，再在“300账套备份”文件夹新建“（1-1）系统管理”文件夹。

2. 由系统管理员注册系统管理，执行“账套—输出”命令，打开“账套输出”对话框。

3. 单击“账套号”栏的下三角按钮，选择实验公司账套，单击“确认”按钮，打开“选择备份目标”对话框，选择先前设置好的备份文件夹，单击确定。

4. 等待系统进行账套数据输出，完成之后，弹出“输出成功”信息提示框，单击确定返回。

第二节　企业应用平台

一、企业应用平台简介

企业应用平台是用友财务软件的集成应用平台，可以实现系统基础数据的集中维护、各种信息的及时沟通、数据资源的有效利用。企业应用平台为企业员工、合作伙伴提供了访问系统的唯一通道；通过企业应用平台，用户可以设计个性化工作流程，提高工作效率，还可以实现与日常办公的协同进行。

企业应用平台包含的内容极其丰富，与系统应用相关的主要项目包括：

设置：包括基本信息、基础档案、数据权限和单据设置。

业务：将管理软件分为财务会计、供应链、集团应用等功能群，每个功能群中又包括若干功能模块，此处也是用户访问用友管理软件各功能模块的唯一通道。

工具：提供了常用的系统配置工具。

二、实验目的

理解企业应用平台在用友 ERP 管理软件中的作用，掌握在企业应用平台中设置系统启用、建立各项基础档案、进行数据权限设置及单据设置的方法；理解各项基础档案在系统中所起的作用及各项目的含义。

三、实验准备

引入之前的备份数据。

四、实验要求

启用总账系统

设置部门档案

设置职员档案
设置客户分类
设置客户档案
设置供应商档案
设置操作员的查询、删改、审核、弃审以及关闭的权限

五、操作指导

（一）启用总账系统

启用总账有两种方法，一种是系统管理员在建立账套时直接启用，另一种是由账套主管在企业应用平台的基本信息中进行系统启用。在实验中，我们将学习如何在企业应用平台上启用总账。

操作步骤：

1. 执行“开始”—“程序”—“用友 ERP－U10”—“企业应用平台”命令，打开“登录”对话框。

2. 输入账套主管的用户名及密码，选择所要操作的账套，单击确定，进入“企业应用平台”。

3. 在“设置”选项卡中，执行“基本信息”—“系统启用”，打开“系统启用”对话框。

4. 选中“GL 总账”前的复选框，弹出“日历”对话框。

5. 根据实验资料，选择“日历”对话框中的“2020 年 12 月 1 日”，单击确定，系统弹出信息提示：“确实要启用当前系统吗?”单击“是”，完成总账系统的启用。

提示：

在具体企业操作中，可以此类推，分别启用“应收款管理”和“应付款管理”系统。

注意事项：

- 只有账套主管才有权在企业应用平台中进行系统启用。
- 各系统的启用时间必须大于或等于账套的启用时间。

（二）设置部门档案

操作步骤：

1. 在“设置”选项卡中，选择“基础档案”—“机构人员”—“部门档

案”命令，进入“部门档案”窗口。

2. 单击“增加”按钮，分别录入部门编码、部门名称等相关信息。

3. 单击“保存”。

4. 以此方法分别录入其他的部门档案。

（三）设置人员类别及档案

注意：

在实际工作中，人员类别与工资费用的分配等有关，也是薪资管理系统的重要组成部分。人员类别设置的目的是为工资分配生成凭证设置相应的入账科目作准备，可以按不同的入账科目设置不同的人员类别。

人员类别名称可以修改，但已经使用的人员类别名称不能删除。

操作步骤：

1. 在“基础设置”中，选择“基础档案”—“机构人员”—“人员类别”，单击“增加”，按实验资料增加人员资料。

2. 在“基础设置”中，选择“基础档案”—“机构人员”—“人员档案”，进入“人员列表”窗口。请按照人员所属的不同部门，分别单击“增加”，按实验资料输入人员信息，并单击保存。

（四）设置客户分类及客户档案

注意：

客户是否需要分类应当在建立账套时确定。客户分类编码必须符合预设的编码规则。

操作步骤：

1. 在“基础设置”中，选择“基础档案”—“客商信息”—“客户分类”，进入“客户分类”窗口。单击“增加”，按实验资料输入客户分类信息，并单击保存。

2. 如已设置客户分类，请选择“基础档案”—“客商信息”—“客户档案”，进入“客户档案”窗口。单击“增加”，可看到窗口共包括 4 个选项卡，分别为“基本”“联系”“信用”“其他”，按实验资料输入客户相关信息即可。保存退出。

（五）设置数据权限

注意：

必须在系统管理里定义角色或用户，并分配完功能级权限后才能进行数据权限分配。

操作步骤：

1. 在“系统服务”选项卡里，执行“权限”—“数据权限设置”命令，进入“权限浏览”窗口。

2. 在左侧“用户及角色”列表中选择相应的人员，单击“授权”，打开“记录权限设置”对话框。

3. 单击“业务对象”栏的下三角按钮，选择“用户”。

4. 单击“>”按钮将用户从“禁用”列表中选择到“可用”列表中，完成角色的权限设置。

5. 单击“保存”，系统弹出“保存成功”信息提示框，单击“确定”完成。

（六）账套备份

在实验过程中，如果需要中断操作，请按照第一节中的提示做好账套备份工作。在下一次实验进行时，需要先引入账套数据。

第七章

总账系统

一、实验目的

系统地学习总账系统初始化、日常业务处理的主要内容和操作方法。要求掌握设置会计科目、录入期初余额及设置相关分类、档案资料的方法；掌握总账系统日常业务处理中凭证处理和记账的方法；熟悉出纳管理的内容和处理方法；熟悉期末业务处理的内容和方法。

二、实验环节

总账系统初始化
总账系统日常业务处理
出纳管理

三、考核形式

上机操作完成总账系统相关业务处理

四、总账实验（一）：总账系统初始化

（一）实验准备

引入之前保存的本企业账套备份数据。将系统日期修改为“2020 年 12 月 1

日”，以账套主管身份注册进入企业应用平台。

（二）实验要求

1. 设置系统参数。
2. 设置会计科目。
3. 设置凭证类别。
4. 输入期初余额。
5. 设置结算方式。
6. 账套备份。

（三）实验资料

1. 账套总账系统的参数。

不允许修改、作废他人填制的凭证；凭证审核控制到操作员。

2. 会计科目。

（1）指定“1001 库存现金”为现金总账科目、“1002 银行存款”为银行总账科目。

（2）根据第二章中的实验资料增加相关会计科目。

（3）修改会计科目。

“1122 应收账款”“2203 预收账款”科目辅助账类型为“客户往来”（无受控系统）；

“2202 应付账款”“1123 预付账款”科目辅助账类型为“供应商往来”（无受控系统）。

3. 凭证类别。

类别名称	限制类型	限制科目
收款凭证	借方必有	1001，1002
付款凭证	贷方必有	1001，1002
转账凭证	借贷必无	1001，1002

4. 结算方式。

结算方式编码	结算方式名称
1	现金
2	现金支票

续表

结算方式编码	结算方式名称
3	转账支票
4	信汇
5	电汇

（四）实验指导

1. 设置系统参数。

操作步骤：

（1）在企业应用平台“业务工作”选项卡中，执行“财务会计”—“总账”命令，打开总账系统。

（2）在总账系统中，执行“设置”—“选项”命令，打开“选项”对话框。

（3）单击“编辑”，在“权限”选项卡中选中“凭证审核控制到操作员”复选框，取消“允许修改、作废他人填制的凭证”复选框。

（4）单击“确定”保存返回。

注意：

总账系统的参数设置将决定总账系统的输入控制、处理方式、数据流向、输出格式等，设定后一般不能随意改变。

2. 指定会计科目。

操作步骤：

（1）在企业应用平台的“基础设置”选项卡中，执行“基础档案”—“财务”—“会计科目”命令，进入“会计科目”窗口。

（2）执行“编辑”—“指定科目”命令，打开“指定科目”对话框。

（3）单击“ >”按钮将“1001 库存现金”从“待选科目”窗口选入“已选科目”窗口。

（4）单击选择“银行总账科目”选项，单击“ >”按钮将“1002 银行存款”从“待选科目”窗口选入“已选科目”窗口。

（5）单击“确定”完成。

注意：

被指定的“现金总账科目”及“银行总账科目”必须是一级会计科目。

只有指定现金及银行总账科目才能进行出纳签字的操作，才能查询现金日记账和银行存款日记账。

3. 增加会计科目。

操作步骤：

（1）在“会计科目”窗口中，单击“增加”按钮，打开“新增会计科目”对话框。

（2）录入实验资料中所需设置的明细科目编码及科目名称。如：录入科目编码“100201”，科目名称“工行存款”等。单击“确定”。

（3）同理，依次增加其他会计科目。

注意：

会计科目编码应当符合编码规则。如果科目已经使用，则不能被修改或删除。

设置会计科目时应当注意会计科目的“账页格式”，一般情况下应当为“金额式”，也有可能是“数量金额式”等。如果是数量金额式，还应当继续设置计量单位，否则仍不能同时进行数量金额的核算。

4. 修改会计科目。

操作步骤：

（1）在“会计科目”窗口中，双击“1122 应收账款”，或在选中“1122 应收账款”后单击“修改”，打开“会计科目—修改”的对话框。

（2）单击“修改”，选中“客户往来”前的复选框，再单击“受控系统”栏的下三角按钮，选择空白处（即无受控系统）。单击“确定”，修改完成。

（3）同理，可修改其他科目。

提示：

“无受控系统”即该账套不使用“应收”及“应付”系统，“应收”及“应付”业务均以辅助账的形式在总账系统中进行核算。

在会计科目使用前一定要先检查确定系统预设的会计科目是否能够满足需要，如果不能满足需要，则以增加或修改的方式增加新的会计科目及修改已经存在的会计科目。如果系统设置的会计科目中有一些并不需要，则可以删除。

5. 设置凭证类别。

操作步骤：

（1）在企业应用平台的“基础设置”选项卡中，执行“基础档案—财务—凭证类别”命令，打开“凭证类别预置”对话框。

（2）选中“收款凭证　付款凭证　转账凭证”前的单选按钮。单击“确定”，打开“凭证类别”对话框。

（3）单击“修改”，双击“收款凭证”所在行的“限制类型”栏，出现下三角按钮，从下拉列表中选择“借方必有”，在“限制科目”栏录入“1001、1002”，或单击限制科目栏参照按钮，分别选择“1001”及“1002”。

（4）同理，完成对付款凭证和转账凭证的限制设置。

注意：

已经使用的凭证类别既不能删除，也不能修改类别字。

设置完毕后，则在填制凭证时系统要求收款凭证的借方一级科目至少有一个是“1001”或“1002”，否则，系统会判断该凭证不属于收款凭证类别，不允许保存。付款凭证和转账凭证也应满足相应的要求。

如果直接录入科目编码，则编码间的标点应为英文状态下的标点符号，否则系统会提示科目编码有错误。

6. 录入期初余额。

操作步骤：

（1）在总账系统中，单击“设置—期初余额”，进入“期初余额录入”窗口。

（2）白色数字单元为末级科目，可以直接输入期初余额。灰色单元为非末级科目，不允许录入期初余额，待下级科目余额录入完成后自动汇总生成。

注意：

应交税费—应交增值税（进项税额）、应交税费—应交增值税（已交税金）、应交税费—应交增值税（转出未交增值税）为借方余额，但期初余额录入界面中进项税额的余额方向必须与上级科目（应交税费）保持一致，因此需要录入负数以表示借方余额。

（3）黄色单元代表对该科目设置了辅助核算，不允许直接录入余额，需要在该单元格中双击进入辅助账期初设置，在辅助账中输入期初数据，完成后自动返回总账期初余额表中。

（4）同理，录入其他带辅助核算的科目余额。

（5）单击“试算”按钮，系统进行试算平衡。如果试算结果平衡，则单击“确定”。如果试算结果不平衡，则返回检查，直至发现错误所在。

注意事项：

只需要输入末级科目的余额，非末级科目的余额由系统自动计算生成。

如果要修改余额方向，可以在未录入余额的情况下，单击“方向”改变余额方向。

总账科目与其下级科目的方向必须一致。如果所录明细余额方向与总账余额方向相反，则用“ - ”表示。

系统只能对月初余额的平衡关系进行试算，而不能对年初余额进行试算。

如果期初余额不平衡，可以填制凭证但是不允许记账。

凭证记账后，期初余额变为只读状态，不能再修改。

7. 设置结算方式。

操作步骤：

（1）在企业应用平台的“基础设置”中，执行“基础档案—收付结算—结算方式”命令，进入“结算方式”窗口。

（2）单击“增加”，录入结算方式编码以及结算方式名称，如“1”与“现金结算”，单击保存。以此方法继续录入其他结算方式。单击“退出”，完成设置。

注意：

在总账系统中，结算方式将会在使用“银行账”类科目填制凭证时使用，并可作为银行对账的一个参数。

五、总账实验（二）：总账系统日常业务处理及出纳管理

（一）实验准备

引入相关账套备份数据，将系统日期修改为“2020 年 12 月 31 日”。

（二）实验要求

1. 设置常用摘要。
2. 以操作员身份试填制相关业务的记账凭证。
3. 审核凭证。
4. 出纳签字。
5. 删除凭证并整理断号。
6. 设置常用凭证。
7. 记账。
8. 查询已记账的凭证。
9. 查询三栏式总账，并联查明细账等。
10. 账套备份。

（三）实验指导

1. 设置常用摘要。

操作步骤：

（1）在企业应用平台“基础设置”选项卡中，执行“基础档案—其他—常用摘要”命令，打开“常用摘要”对话框。

（2）单击“增加”，按照实验资料录入常用摘要。设置常用摘要后可以在填制凭证时调用。

2. 填制相关业务的记账凭证。

操作步骤：

（1）在企业应用平台中，单击“重注册”，以会计人员的身份进入企业应用平台。

（2）在“业务工作”选项卡中，执行“总账—凭证—填制凭证”命令，进入“填制凭证”窗口。

（3）单击“增加”或者 F5 按钮。

（4）单击凭证类别的参照按钮，即按照业务类型选择“收款凭证”“付款凭证”或者“转账凭证。”

（5）按照原始凭证日期修改记账凭证的日期。

（6）在摘要栏录入常用摘要编码，或者直接录入摘要。

（7）按回车键，或用鼠标单击“科目名称”，单击科目名称栏的参照按钮（或按 F2），选择相关会计科目，或者直接输入科目名称。

（8）按回车键，或用鼠标单击“借方金额”栏，录入借方金额数字。

（9）重复（7）、（8）两步，分别录入贷方科目和贷方金额。

（10）如果有辅助核算，按回车项，打开“辅助项”对话框，单击“结算方式”，选择所对应的结算方式，输入相应的票据号，单击确定保存。

（11）单击“保存”，系统弹出“凭证已成功保存！”信息提示框，单击“确定”返回。

注意：

请按照实验安排，检查当前操作员是否具有制单权限的人员，如果不是，则应当以重注册的方式更换操作员。

凭证填制完成后，可以单击“保存”，也可以单击“增加”保存并添加下一账凭证。

凭证填制完成后，在未审核前可以直接修改。

如果凭证金额录错方向，可以直接按空格键改变余额方向。

凭证日期应当满足总账选项中的设置，如果默认系统的选项，则不允许凭证日期逆序。

3. 审核凭证

操作步骤：

（1）重新注册，更换操作员，以审核人员身份进入。

（2）执行“凭证—审核凭证”命令，打开“凭证审核”对话框。

（3）单击“确定”，进入“凭证审核”列表窗口。

（4）单击“确定”，打开待审核的相关凭证。

（5）单击“审核”按钮，第一张凭证审核完成后，系统自动翻页到第二张待审核的凭证，再单击“审核”，直到全部待审核的凭证全部审核签字。

（6）单击“退出”按钮退出。

注意：

系统要求制单人和审核人不能为同一用户，因此在审核凭证前一定要首先检查一下，当前操作员是否是制单人，如果是，则应当更换操作员。

凭证审核的操作权限首先在“系统管理”的权限中进行赋权，其次还要注意在总账系统的选项中是否设置了“凭证审核控制到操作员”的选项，如果设置了该选项，则应当继续设置审核的明细权限，即“数据权限”中的“用户”权限。只有在“数据权限”中设置了某用户有权审核其他某一用户所填制凭证的权限，该用户才真正拥有了审核凭证的权限。

在凭证审核的功能中除了可以分别对单张凭证进行审核外，还可以执行“成批审核”功能，对符合条件的待审核凭证进行成批审核。

在审核凭证的功能中还可以对有错误的凭证进行“标错”处理，还可以“取消”审核。

已审核的凭证将不能直接修改，只能在取消审核后才能在填制凭证的功能中进行修改。

4. 出纳签字。

操作步骤：

（1）重新注册，更换操作员为专门的出纳角色。

（2）执行“凭证—出纳签字”命令，打开“出纳签字”对话框。

（3）单击“确定”，打开“出纳签字”列表窗口。

（4）单击“确定”，打开待签字的凭证。

（5）单击“签字”按钮，单击“下张”按钮，再单击“签字”，直到将已经填制的所有收付凭证进行出纳签字。单击“退出”。

注意：

- 出纳签字操作既可以在“凭证审核”后进行，也可以在“凭证审核”前进行。
- 进行出纳签字的操作员应已在系统管理中赋予了出纳权限。
- 要进行出纳签字的操作应当满足以下 3 个条件：首先，在总账系统的“选项”中已经设置了“出纳凭证必须经由出纳签字”。其次，已经在会计科目中进行了“指定科目”的操作。最后，凭证中所使用的会计科目是已经在总账系统中设置为“日记账”辅助核算内容的会计科目。
- 如果发生已经进行了出纳签字的凭证有错误，应当在取消出纳签字后再在填制凭证功能中进行修改。

5. 修改凭证。

操作步骤：

（1）由出纳人员执行“凭证—出纳签字”命令，打开“出纳签字”对话框。

（2）单击“凭证类别”栏的下三角按钮，选择需要修改的凭证。

（3）单击“月份”选项，在“凭证号”栏输入需要修改的凭证号数，单击“确定”，打开“出纳签字”对话框。

（4）单击“确定”，进入修改的凭证窗口。

（5）单击“取消签字”按钮，取消出纳签字，单击“退出”。

（6）重新注册，更换操作员。

（7）执行“凭证—凭证审核”命令，打开“审核凭证”列表窗口。

（8）同以上操作，找到并进入需要修改的凭证窗口。

（9）单击“取消”，取消审核签字，单击“退出”。

（10）重新注册，更换另一位操作员。

（11）执行“凭证—填制凭证”命令，进入“填制凭证”窗口。

（12）单击“上张”“下张”按钮，找到待修改的凭证。修改正确的金额之后，单击“保存”。

（13）按正常流程，更换操作员，分别执行审核和出纳签字。

注意：

- 未审核的凭证可以直接修改，但是，凭证类别不能修改。
- 已经进行出纳签字而未审核的凭证如果有错误，可以由原执行出纳签字的操作员在“出纳签字”功能中取消出纳签字后，再由原制单人在填制凭证功能中修改凭证。
- 已经审核的凭证如有错误，应由原审核人在“审核凭证”功能中取消审核签字后，再由原制单人在填制凭证功能中修改凭证。
- 被修改的凭证应在保存后退出。

6. 删除凭证。

操作步骤：

（1）由审核人员取消对凭证的审核。

（2）如果是收付凭证，则由出纳人员取消对该凭证的出纳签字。

（3）由操作员执行“凭证—填制凭证”命令，进入“填制凭证”窗口。

（4）单击“上张”“下张”找到需要删除的凭证。

（5）执行“制单—作废/恢复”命令，将该凭证打上“作废”标志。

（6）执行“制单—整理凭证”，选择凭证期间“2020.12”，单击“确定”，打开“作废凭证表”对话框。

（7）双击“作废凭证表”对话框中的“删除”，单击“确定”，系统弹出“是否还需整理凭证断号”信息提示框，并提供三种断号整理方式：“按凭证号重排”“按凭证日期重排”“按审核日期重排”。

（8）选择“按凭证号重排”，单击“是”，系统完成对凭证号的重新整理。

注意：

● 未审核的凭证可以删除，已审核或已经进行出纳签字的凭证不能直接删除，必须在取消审核及取消出纳签字后再删除。

● 如果要删除凭证，必须先进行“作废”操作，然后再进行整理。如果在总账系统的选项中选中“自动填补凭证断号”及“系统编号”，那么在对作废凭证整理时，若选择不整理断号，则再填制凭证时可以由系统自动填补断号，否则将会出现凭证断号。

● 对于作废凭证，可以单击“作废/恢复”，取消“作废”标志。

● 作废凭证不能修改、不能审核，但应参与记账。

● 只能对未记账凭证进行凭证整理。

● 账簿查询时查不到作废凭证的数据。

7. 记账。

操作步骤：

（1）由记账人员执行“凭证—记账”命令，打开“记账—选择本次记账范围”对话框，选择“2020. 12 月份凭证”，“记账范围”为“全选”。

（2）单击“记账”，打开“期初试算平衡表”窗口。

（3）单击“确定”，系统自动进行记账，记账完成后，系统弹出“记账完毕！”信息提示框，单击“确定”。

注意：

● 如果期初余额试算不平衡不允许记账，如果有未审核的凭证不允许记账，上月未结账本月不能记账。

● 如果不输入记账范围，系统默认为所有凭证。

● 记账后不能整理断号。

● 已记账的凭证不能在“填制凭证”功能中查询。

8. 查询已记账的凭证。

操作步骤：

（1）执行“凭证—查询凭证”命令，打开“凭证查询”对话框。

（2）选择“已记账凭证”，选择所需要查询的凭证类别，在“凭证号”栏录入数字，单击“确定”，打开“查询凭证”列表窗口。

（3）单击“确定”，打开所需查询的凭证，查看之后，单击“退出”。

9. 冲销记账凭证。

操作步骤：

（1）以操作员身份执行“凭证—填制凭证”命令，进入“填制凭证”窗口。

（2）执行“制单—冲销凭证”命令，打开“冲销凭证”对话框。

（3）单击“凭证类别”栏的下三角按钮，选择凭证类别，在“凭证号”栏录入数字，单击“确定”，出现所需冲销的凭证页面，单击“退出”。

注意：

- 冲销凭证是针对已记账凭证由系统自动生成的一张红字冲销凭证。
- 冲销凭证相当于填制了一张凭证，不需保存，只要进入新的状态就由系统将冲销凭证自动保存。
- 已经冲销的凭证仍然需要审核、出纳签字后记账。

10. 总账查询。

操作步骤：

（1）在总账系统中，执行“账表—科目账—总账”命令，打开“总账查询条件”对话框。

（2）直接录入或选择希望查询的科目编码，单击“确定”，进入相关科目的总账查询窗口。

（3）单击选中页面中的“当前合计”栏，单击“明细”，进入相关科目的明细账窗口。

（4）选择所需要查询的具体交易，单击选中相关凭证所在的行，单击“凭证”按钮，打开凭证。查询之后，单击“退出”。

注意：

- 在总账查询功能中，可以查询到三栏式总账、二至五级明细科目的年初余额、各月发生额合计和月末余额，还可以查询到明细账中每项明细资料对应的记账凭证。
- 在查询总账时可以在总账条件查询中，通过录入科目范围查询一定科目范围内的总账。
- 在总账查询功能中可以查询“包含未记账凭证”的总账。

11. 余额表查询。

操作步骤：

（1）在总账系统中，执行“账表—科目账—余额表”命令，打开“发生额及余额查询条件”对话框。

（2）单击“确定”，进入“发生额及余额表”窗口。

（3）将光标定位在你所希望查询的科目上，单击“专项”按钮，打开余额表中的专项资料。

（4）查询完毕，单击“退出”。

12. 明细账查询。

操作步骤：

（1）执行“账表—科目账—明细账”命令，打开“明细账查询条件”对话框。

（2）直接录入或者选择科目编码，单击“确定”，进入“管理费用明细账”窗口。

（3）查询之后，单击“退出”。

注意：

在明细账查询功能中，可以查询一定科目范围内的明细账，也可以联查到总账及相应的记账凭证。

13. 查询现金日记账。

操作步骤：

（1）执行“出纳—现金日记账”命令，打开“现金日记账查询条件”对话框。

（2）单击“确定”，进入“现金日记账”窗口。

（3）查询日记账后，单击“退出”。

注意：

只有在“会计科目”功能中使用“指定科目”功能指定了“现金总账科目”及“银行总账科目”，才能查询“现金日记账”及“银行存款日记账”。

14. 银行对账。

操作步骤：

（1）执行“出纳—银行对账”命令，打开“银行科目选择”对话框。

（2）单击“确定”，进入“银行对账”窗口。

（3）单击“对账”按钮，打开“自动对账”对话框。

（4）在“自动对账”条件选择窗口中，单击“确定”。

（5）单击“对账”按钮，出现对账结果。对账完毕，单击“退出”。

注意：

- 银行对账包括自动对账和手工对账两种形式。自动对账是系统根据对账依据自动进行核对、购销，自动对账两清的标志为“O”。手工对账是对自动对账的补充，手工对账两清的标志为“Y”。
- 如果在自动对账后发现一些应勾对而未勾对上的账项，可以分别双击“两清”栏，直接进行手工调整。

15. 查询银行存款余额调节表。

操作步骤：

（1）执行“出纳—银行对账—余额调节表查询”，进入“银行存款余额调节表”窗口。

（2）单击“查看”，进入“银行存款余额调节表”。单击“详细”，进入“余额调节表（详细）窗口”。查询完毕，单击“退出”。

注意：

银行存款余额调节表应当显示账面余额平衡，如果不平衡应当查找原因。

六、总账实验（三）：总账期末业务处理

（一）实验要求

1. 定义转账分录。
2. 生成机制凭证。
3. 对账。
4. 结账。

（二）实验指导

1. 设置期间损益结转凭证。

操作步骤：

（1）以操作员身份进入总账系统，执行“期末—转账定义—期间损益”命令，进入“期间损益结转设置”窗口。

（2）单击“凭证类别”栏的下三角按钮，选择“转账凭证”，在“本年利润”科目栏内录入编码4103或单击参照按钮选择“4103 本年利润”。

（3）单击“确定”。

2. 生成期末自定义结转及对应结转的转账凭证。

操作步骤：

（1）执行“期末—转账生成”命令，进入“转账生成”窗口。

（2）单击“自定义转账”单选按钮。

（3）单击“全选”按钮（或者选中要结转的凭证所在行），单击“确定”按钮。

（4）如果有未记账凭证，系统将弹出“2020.12月之前有未记账凭证，是否继续结转?”信息提示框。单击“是”，生成相关的转账凭证。

（5）单击“保存”，凭证上出现“已生成”标志。单击“退出”。

（6）在“转账生成”窗口中，单击“对应结转”单选按钮，依步骤生成对应结转凭证。

注意：

在进行期间损益结转之前，需要将本月所有未记账凭证进行记账，以保证损益类科目的完整性。

3. 生成期间损益结转凭证。

操作步骤：

（1）仍然由操作员生成期间损益结转凭证，执行“期末—转账生成”命令，进入“转账生成”窗口。

（2）单击“期间损益结转”单选按钮，单击“全选”按钮，单击“确定”，生成“期间损益结转”凭证。

（3）单击“保存”按钮，单击“退出”完成。

（4）实验主管需要对生成的期间损益结转凭证进行审核、记账。

注意：

- 转账凭证生成的工作应在月末进行。如果有多种转账凭证形式，特别是涉及多项转账业务，一定要注意转账的先后次序。
- 通过转账生成功能生成的凭证一定要保存，否则将视同放弃。
- 期末自动转账处理工作是针对已经记账业务进行的。

4. 对账。

操作步骤：

（1）执行“期末—对账”命令，打开“对账”对话框。

（2）单击“试算”按钮，出现“2020.12 试算平衡表”。

（3）单击“确定”，单击“选择”，在 2020.12 是否对账栏目里出现“Y”标志，选中要对账的月份。

（4）单击“对账”按钮，系统开始对账，并显示对账结果。完毕单击“退出”。

5. 结账。

操作步骤：

（1）执行“期末—结账”命令，打开“结账”对话框。

（2）单击“下一步”，打开“结账—核对账簿”对话框。

（3）单击“对账”按钮，系统进行对账。当对账完毕，单击“下一步”按钮，打开“结账—月度工作报告”对话框。

（4）单击“下一步”，如果出现“2020 年 12 月未通过工作检查，不可以结账！”提示信息，则需要单击“上一步”按钮检查不能结账的原因。

（5）如果无法结账的原因是因为其他子系统（如应收账款、应付账款系统）本月未结账导致，那么单击“取消”，取消本次的结账操作。

（6）在财务会计下的总账处，右击“退出产品”，退出总账系统。

（7）在企业应用平台的“设置”选项卡中，双击“基本信息—系统启用”，打开“系统启用”对话框，将影响本月结账的子系统（如应收应付）注销。单击相应子系统之前的复选框，系统提示“确实要注销当前系统吗?”单击“是”，取消对子系统的启用。

（8）在总账系统中，重新进行结账操作。单击“结账”按钮，完成本月结账操作。

注意：

- 结账后除查询外，不得再对本月业务进行任何操作。
- 如果出于某种原因需要取消本月结账，需要账套主管在“结账”界面按 Ctrl + Shift + F6 激活“取消结账”功能；输入口令，即可取消结账标记。

第八章

UFO 报表系统

一、实验目的

系统学习自定义报告和使用报表模板生成报表的方法。要求掌握报表格式设计和公式设置的方法以及报表数据的计算方法。

二、实验要求

1. 自定义报表：利润表的设计和数据生成。
2. 利用报表模板生成报表：资产负债表。

三、实验资料

1. 利润表样内容。

项目	行数	本月数	本年累计数
一、主营业务收入	1		
减：主营业务成本	2		
营业税金及附加	3		
销售费用	4		
管理费用	5		
财务费用（收益以为“－”号填列）	6		

续表

项目	行数	本月数	本年累计数
资产减值损失			
加：公允价值变动净收益（净损失以“-”号填列）			
投资净收益（净损失以“-”号填列）			
其中对联营企业与合营企业的投资收益			
二、营业利润			
加：营业外收入			
减：营业外支出			
其中：非流动资产处置净损失			
三、利润总额			
减：所得税			
四、净利润			
五、每股收益			
基本每股收益			
稀释每股收益			

2. 报表中的计算公式。

位置	单元公式	位置	单元公式
C5	fs(6001,月,"贷",,年)	D5	?C5 + select(?D5,年@ = 年 and 月@ = 月 +1)
C6	fs(6401,月,"借",,年)	D6	?C5 + select(?D5,年@ = 年 and 月@ = 月 +1)
C7	fs(6403,月,"借",,年)	D7	?C7 + select(?D7,年@ = 年 and 月@ = 月 +1)
C8	fs(6601,月,"借",,年)	D8	?C8 + select(?D8,年@ = 年 and 月@ = 月 +1)
C9	fs(6602,月,"借",,年)	D9	?C9 + select(?D9,年@ = 年 and 月@ = 月 +1)
C10	fs(6603,月,"借",,年)	D10	?C10 + select(?D10,年@ = 年 and 月@ = 月 +1)
C11	fs(6701,月,"借",,年)	D11	?C11 + select(?D11,年@ = 年 and 月@ = 月 +1)
C12	fs(6101,月,"借",,年)	D12	?C12 + select(?D12,年@ = 年 and 月@ = 月 +1)
C13	fs(6111,月,"借",,年)	D13	?C13 + select(?D13,年@ = 年 and 月@ = 月 +1)
C14		D14	
C15	C5 - C6 - C7 - C8 - C9 - C10 - C11 + C12 + C13	D15	?C15 + select(?D15,年@ = 年 and 月@ = 月 +1)

续表

位置	单元公式	位置	单元公式
C16	fs(6301,月,"贷",,年)	D16	?C16 + select(?D16,年@ = 年 and 月@ = 月 +1)
C17	fs(6711,月,"借",,年)	D17	?C17 + select(?D17,年@ = 年 and 月@ = 月 +1)
C18		D18	
C19	C15 + C16 - C17	D19	?C19 + select(?D19,年@ = 年 and 月@ = 月 +1)
C20	fs(6401,月,"借",,年)	D20	?C20 + select(?D20,年@ = 年 and 月@ = 月 +1)
C21	fs(6401,月,"借",,年)	D21	?C21 + select(?D21,年@ = 年 and 月@ = 月 +1)

四、自定义报表编制

1. 设置利润表尺寸。

操作步骤：

（1）在企业应用平台“业务工作”选项卡中，执行“财务会计—UFO 报表”命令，进入报表系统。

（2）执行“文件—新建”，进入报表“格式”状态窗口。

（3）执行“格式—表尺寸”命令，打开“表尺寸”对话框。

（4）录入利润表行数“24”，列数“4”。

（5）单击“确认”，出现行列数预设好的表格。

2. 定义行高和列宽。

操作步骤：

（1）单击选中 A1 单元，执行“格式—行高”命令，打开“行高”对话框。

（2）录入 A1 单元所在行的行高，单击“确认”，完成行高设置。

（3）单击选中 A4 单元后拖动鼠标到 D24 单元，执行“格式—行高”命令，打开“行高”对话框，设置 A4 ~ D24 区域的统一行高。单击“确认”。

（4）单击选中 A1 单元，执行“格式—列宽”命令，打开“列宽”对话框。录入所设置的列宽数值。

（5）同理，设置 B1 单元所在列宽，设置 C 列和 D 列宽度。单击“确认”。

注意：

- 列宽设置应以能够放下本栏最宽数据为原则，否则生成报表时会产生数据溢出的错误。
- 设置了行高及列宽之后，如果觉得不合适，可以直接用鼠标拖动行线及列线改变行高及列宽。

3. 画表格线。

操作步骤：

单击选中 A4 单元后拖动鼠标到 D24 单元，执行“格式—区域画线”命令，打开“区域画线”对话框，单击“确认”。

注意：

报表的尺寸设置完成后，在报表输出时，该报表是没有任何表格线的，为了满足查询和打印需要，还应该在适当的位置上画表格线。可以根据需要选择不同的画线类型及样式。

4. 输入利润表项目内容。

操作步骤：

根据实验资料直接在对应单元中输入所有项目内容。在录入报表项目时，单位名称及日期都不需要手工录入，UFO 报表一般将其设置为关键字，用设置关键字的方法设置。

5. 设置单元属性。

操作步骤：

（1）单击选中 A1 单元，执行“格式—单元属性”命令，打开“单元格属性”对话框。

（2）单击“字体图案”选项卡，单击字体栏的下三角按钮，选择所需要的字体，如“楷体”“宋体”等，单击字号栏的下三角按钮，选择所需要的字号。

（3）单击“对齐”选项卡，选择水平方向“居中”及垂直方向“居中”，单击“确定”。

（4）单击选中 A4 单元后拖动鼠标到 D4 单元，同理，设置该区域的字体和字号，选择水平方向“居中”及垂直方向“居中”。

（5）以同样的方法设置 A5 ~ D24 区域的字体及字号，单击“确定”按钮。

注意：

- 在设置单元属性时可以分别设置单元类型、字体图案、对齐方式及边框样式。
- 新建的报表，所有单元的单元类型均默认为数值型。
- 格式状态下输入的内容均默认为表样单元。
- 字符单元和数值单元只对本表页有效，表样单元输入后对所有的表页有效。

6. 定义关键字。

操作步骤：

（1）单击 A3 单元，执行“数据—关键字—设置”命令，打开“设置关键字”对话框。

（2）单击“确定”，A3 中显示红色的“单位名称：榕城公司”，即关键字。

（3）同理，在 C3 单元中设置关键字“年”；在 D3 单元中设置关键字“月”。

注意：

- 定义关键字主要包括设置关键字和调整关键字在表页上的位置。
- 关键字主要有 6 种，即：单位名称、单位编号、年、季、月、日，另外还包括一个自定义关键字。可以根据实际需要任意设置相应的关键字。
- 一个关键字在一个表中只能定义一次，即同一个表中不能有重复的关键字。
- 关键字在“格式”状态下设置，如果设置错误可以取消。
- 关键字的值在“数据”状态下录入。
- 同一个单元或组合单元的关键字定义完以后，可能会重叠在一起，如果造成重叠，可以在设置关键字时输入关键字的相对偏移量，偏移量为负数时表示向左移，正数时表示向右移。

7. 录入单元公式。

操作步骤：

（1）单击 C5 单元，执行“数据—编辑公式—单元公式”命令，打开“定义公式”对话框。

（2）单击“函数向导”，打开“函数向导”对话框，在函数分类列表中选择“用友账务函数”，在函数名列表中选择“发生（FS）”。

（3）单击“下一步”按钮，打开“账务函数”对话框。单击参照按钮，打开对话框。

（4）选择科目“6001”，方向“贷”，单击“确定”返回。再单击“确认”，完成本单元的计算公式录入。

（5）同理，继续录入其他单元计算公式。

注意：

- 单元公式是指为报表数据单元进行赋值的公式，单元公式的作用是从账簿、凭证、本表或其他报表等处调用运算所需要的数据，并输入相应的报表单元中。它既可以将数据单元赋值为数值，也可以赋值为字符。
- 必须在英文状态下录入计算公式。
- 计算公式可以直接录入，也可以利用函数向导参照录入。
- 所录入的公式必须符合公式模板，否则系统将判定为公式错误。

8. 将报表格式保存为“自制利润表”并执行数据处理。

操作步骤：

（1）执行“文件—保存”命令，选择保存文件路径，修改文件名为“自制利润表”，单击“另存为”按钮进行保存。

（2）执行“文件—打开”命令，打开先前保存的“自制利润表”报表文件。

（3）自制利润表打开之后，自动进入数据处理状态，屏幕左下角按钮显示为“数据”。

注意：

- 可以在编制报表时反复使用已经设置的报表公式，并且在不同会计期间可以生成不同结果的报表。
- 在报表的数据状态可以插入表页或追加表页。

9. 录入关键字并计算报表数据。

操作步骤：

（1）执行“数据—关键字—录入”命令，打开“录入关键字”对话框。

（2）录入单位名称“榕城公司”，年“2020”，月“12”。

（3）单击“确认”按钮。系统提示“是否重算第 1 页?”单击“是”，系统自动计算报表数据，显示计算结果。

（4）执行“文件—另存为”命令，录入利润表文件名，单击“另存为”进行保存。

注意：

在编制报表时可以选择整表计算或表页计算，整表计算是将该表的所有表页全部进行计算，而表页计算仅是将该表页的数据进行计算。

五、报表模板的使用

（一）实验要求

按照新会计制度科目生成榕城公司 2020 年 12 月的“资产负债表”。

（二）实验指导

1. 建立“资产负债表”。

操作步骤：

（1）在 UFO 报表系统中，执行“文件—新建”命令，进入报表的“格式”状态窗口。

（2）执行“格式—报表模板”命令，打开“报表模板”对话框。

（3）单击“您所在的行业”栏的下三角按钮，选择“2007 年新会计制度科目”，再单击财务报表栏的下三角按钮，选择“资产负债表”。

（4）单击“确认”按钮，系统弹出“模板格式将覆盖本表格式！是否继续?”的信息提示框。

（5）单击“确认”，打开按“2007 年新会计制度科目”设置的“资产负债表”模板。

注意：

• 在操作过程中，调用报表模板时一定要正确选择所在行业相应的会计报表，不同行业的会计报表内容不同。

• 如果被调用的报表模板与实际需要的报表格式或公式不完全一致，可以在此基础上进行修改。

• 用户可以根据本单位的实际需要定制报表模板，并可以将自定义的报表模板加入系统提供的模板库中，也可以对其进行修改、删除操作等。

2. 设置关键字。

操作步骤：

（1）在报表“格式”状态窗口中，单击选中 A3 单元，将“编辑单位”删除。

（2）仍然选中 A3 单元，执行“数据—关键字—设置”命令，打开“设置关键字”对话框。

（3）设置关键字“单位名称”，单击“确定”。

注意：

如果报表的编制单位是固定的，则可以在格式状态直接录入编辑单位的有关内容，不用设置关键字。

通过设置关键字可以在每次生成报表数据时以录入关键字的形式录入单位名称等信息。

3. 录入关键字并计算报表数据。

操作步骤：

（1）在报表“格式”状态窗口中，单击“数据”按钮，系统将提示“是否确定全表重算”。

（2）单击“否”按钮，进入报表的“数据”状态窗口。

（3）在报表的“数据”状态窗口中，执行“数据—关键字—录入”命令，打开“录入关键字”对话框。录入各项关键字，单击“确认”，系统提示“是否重算第 1 页?”。

（4）单击“是”按钮，生成榕城公司资产负债表的数据。

（5）执行“文件—保存”命令，将生成的资产负债表保存。

注意：

• 关键字应当采用系统提供的定义关键字功能定义，而不应该直接录入。

由于使用报表模板，在 A3 单元中已经录入了“编制单位”，所以应当先删除后再定义。

- 在数据状态中录入关键字后，系统会提示“是否重算第 1 页?”可以单击“是”直接结算，也可以单击“否”暂不结算。

第四篇　实验总结篇

第九章

实 验 报 告

一、实验目的

本实验旨在训练学生清晰表达自己对所进行的实验全过程的工作和结果进行分析和思考；培养良好的工作回顾和总结习惯，培养以简洁流畅的文笔，明晰地表达自己的工作方式和体会的严谨的工作作风。

二、实验报告规范

实验报告必须在完成之前各实验演练的基础上进行，其主要作用在于帮助实验者总结实验成果和实验心得。因此，写实验报告是一项严肃、认真的工作。不允许草率和马虎。对一个小数点、一个标点符号都不能忽视。实验报告要求根据实验步骤和顺序来写，通常应当包括整个实验的目的、实验内容、实验时间安排、实验过程及体会四个方面。其中，实验过程应当写明实验者在完成实验过程中出现过哪些问题，这些问题是如何解决的（为便于说明问题，可以附制图表的形式反映）；体会主要说明实验者对整个实验的评价或体会，有什么新的发现和不同的见解、建议等。

三、实验报告参考样张

《会计学原理》实验报告

<table>
<tr><td>实验名称</td><td colspan="3"></td><td>系别</td><td></td></tr>
<tr><td>姓名</td><td></td><td>学号</td><td></td><td>专业届级</td><td></td></tr>
<tr><td>实验地点</td><td></td><td>实验时间</td><td></td><td rowspan="2">评分</td><td rowspan="2"></td></tr>
<tr><td>指导老师</td><td colspan="3"></td></tr>
<tr><td colspan="6">实验目的</td></tr>
<tr><td colspan="6">实验内容</td></tr>
</table>

续表

实验时间安排
实验过程及体会

注：采用电子版的各栏不够写可下拉栏线，或纸质版可加页。

附　　录

会计法规是国家和地方立法机关以及中央、地方各级政府和行政部门制定颁布的有关会计方面的法律、准则、规章和制度等的总称。它以一定的会计理论为基础，根据国家的财政方针、政策，将会计工作所应遵循的各项原则和方法用法规的形式确定下来。它不仅是对人们长期会计工作实践中会计质量评价标准的历史总结，而且是对当前会计工作进行约束和检验的现行标准，同时还是未来会计法规不断完善的基础。

为便于学生进行实验演练，现将财政部 2019 年 3 月 14 日发布的修订后版本《会计基础工作规范》和中国人民银行 2003 年 4 月发布的《人民币银行结算账户管理办法》附录如下：

会计基础工作规范

第一章　总　　则

第一条　为了加强会计基础工作，建立规范的会计工作秩序，提高会计工作水平，根据《中华人民共和国会计法》的有关规定，制定本规范。

第二条　国家机关、社会团体、企业、事业单位、个体工商户和其他组织的会计基础工作，应当符合本规范的规定。

第三条　各单位应当依据有关法律、法规和本规范的规定，加强会计基础工作，严格执行会计法规制度，保证会计工作依法有序地进行。

第四条　单位领导人对本单位的会计基础工作负有领导责任。

第五条　各省、自治区、直辖市财政厅（局）要加强对会计基础工作的管理和指导，通过政策引导、经验交流、监督检查等措施，促进基层单位加强会计基础工作，不断提高会计工作水平。

国务院各业务主管部门根据职责权限管理本部门的会计基础工作。

第二章　会计机构和会计人员

第一节　会计机构设置和会计人员配备

第六条　各单位应当根据会计业务的需要设置会计机构；不具备单独设置会计机构条件的，应当在有关机构中配备专职会计人员。

事业行政单位会计机构的设置和会计人员的配备，应当符合国家统一事业行政单位会计制度的规定。

设置会计机构，应当配备会计机构负责人；在有关机构中配备专职会计人员，应当在专职会计人员中指定会计主管人员。

会计机构负责人、会计主管人员的任免，应当符合《中华人民共和国会计法》和有关法律的规定。

第七条　会计机构负责人、会计主管人员应当具备下列基本条件：

（一）坚持原则，廉洁奉公；

（二）具备会计师以上专业技术职务资格或者从事会计工作不少于三年；

（三）熟悉国家财经法律、法规、规章和方针、政策，掌握本行业业务管理的有关知识；

（四）有较强的组织能力；

（五）身体状况能够适应本职工作的要求。

第八条　没有设置会计机构或者配备会计人员的单位，应当根据《代理记账管理办法》的规定，委托会计师事务所或者持有代理记账许可证书的代理记账机构进行代理记账。

第九条　大、中型企业、事业单位、业务主管部门应当根据法律和国家有关规定设置总会计师。总会计师由具有会计师以上专业技术资格的人员担任。

总会计师行使《总会计师条例》规定的职责、权限。

总会计师的任命（聘任）、免职（解聘）依照《总会计师条例》和有关法律的规定办理。

第十条　各单位应当根据会计业务需要配备会计人员，督促其遵守职业道德和国家统一的会计制度。

第十一条　各单位应当根据会计业务需要设置会计工作岗位。

会计工作岗位一般可分为：会计机构负责人或者会计主管人员，出纳，财产物资核算，工资核算，成本费用核算，财务成果核算，资金核算，往来结算，总账报表，稽核，档案管理等。开展会计电算化和管理会计的单位，可以根据需要设置相应工作岗位，也可以与其他工作岗位相结合。

第十二条　会计工作岗位，可以一人一岗、一人多岗或者一岗多人。但出纳人员不得兼管稽核、会计档案保管和收入、费用、债权债务账目的登记工作。

第十三条　会计人员的工作岗位应当有计划地进行轮换。

第十四条　会计人员应当具备必要的专业知识和专业技能，熟悉国家有关法律、法规、规章和国家统一会计制度，遵守职业道德。

会计人员应当按照国家有关规定参加会计业务的培训。各单位应当合理安排会计人员的培训，保证会计人员每年有一定时间用于学习和参加培训。

第十五条　各单位领导人应当支持会计机构、会计人员依法行使职权；对忠于职守，坚持原则，做出显著成绩的会计机构、会计人员，应当给予精神的和物质的奖励。

第十六条　国家机关、国有企业、事业单位任用会计人员应当实行回避制度。

单位领导人的直系亲属不得担任本单位的会计机构负责人、会计主管人员。会计机构负责人、会计主管人员的直系亲属不得在本单位会计机构中担任出纳工作。

需要回避的直系亲属为：夫妻关系、直系血亲关系、三代以内旁系血亲以及配偶亲关系。

第二节　会计人员职业道德

第十七条　会计人员在会计工作中应当遵守职业道德，树立良好的职业品质、严谨的工作作风，严守工作纪律，努力提高工作效率和工作质量。

第十八条　会计人员应当热爱本职工作，努力钻研业务，使自己的知识和技能适应所从事工作的要求。

第十九条　会计人员应当熟悉财经法律、法规、规章和国家统一会计制度，并结合会计工作进行广泛宣传。

第二十条　会计人员应当按照会计法规、法规和国家统一会计制度规定的程序和要求进行会计工作，保证所提供的会计信息合法、真实、准确、及时、完整。

第二十一条　会计人员办理会计事务应当实事求是、客观公正。

第二十二条　会计人员应当熟悉本单位的生产经营和业务管理情况，运用掌握的会计信息和会计方法，为改善单位内部管理、提高经济效益服务。

第二十三条　会计人员应当保守本单位的商业秘密。除法律规定和单位领导人同意外，不能私自向外界提供或者泄露单位的会计信息。

第二十四条　财政部门、业务主管部门和各单位应当定期检查会计人员遵守职业道德的情况，并作为会计人员晋升、晋级、聘任专业职务、表彰奖励的重要考核依据。

会计人员违反职业道德的，由所在单位进行处理。

第三节　会计工作交接

第二十五条　会计人员工作调动或者因故离职，必须将本人所经管的会计工作全部移交给接替人员。没有办清交接手续的，不得调动或者离职。

第二十六条　接替人员应当认真接管移交工作，并继续办理移交的未了事项。

第二十七条　会计人员办理移交手续前，必须及时做好以下工作：

（一）已经受理的经济业务尚未填制会计凭证的，应当填制完毕。

（二）尚未登记的账目，应当登记完毕，并在最后一笔余额后加盖经办人员印章。

（三）整理应该移交的各项资料，对未了事项写出书面材料。

（四）编制移交清册，列明应当移交的会计凭证、会计账簿、会计报表、印章、现金、有价证券、支票簿、发票、文件、其他会计资料和物品等内容；实行会计电算化的单位，从事该项工作的移交人员还应当在移交清册中列明会计软件及密码、会计软件数据磁盘（磁带等）及有关资料、实物等内容。

第二十八条　会计人员办理交接手续，必须有监交人负责监交。一般会计人员交接，由单位会计机构负责人、会计主管人员负责监交；会计机构负责人、会计主管人员交接，由单位领导人负责监交，必要时可由上级主管部门派人会同监交。

第二十九条　移交人员在办理移交时，要按移交清册逐项移交；接替人员要逐项核对点收。

（一）现金、有价证券要根据会计账簿有关记录进行点交。库存现金、有价证券必须与会计账簿记录保持一致。不一致时，移交人员必须限期查清。

（二）会计凭证、会计账簿、会计报表和其他会计资料必须完整无缺。如有短缺，必须查清原因，并在移交清册中注明，由移交人员负责。

（三）银行存款账户余额要与银行对账单核对，如不一致，应当编制银行存款余额调节表调节相符，各种财产物资和债权债务的明细账户余额要与总账有关账户余额核对相符；必要时，要抽查个别账户的余额，与实物核对相符，或者与往来单位、个人核对清楚。

（四）移交人员经管的票据、印章和其他实物等，必须交接清楚；移交人员从事会计电算化工作的，要对有关电子数据在实际操作状态下进行交接。

第三十条　会计机构负责人、会计主管人员移交时，还必须将全部财务会计工作、重大财务收支和会计人员的情况等，向接替人员详细介绍。对需要移交的遗留问题，应当写出书面材料。

第三十一条　交接完毕后，交接双方和监交人员要在移交注册上签名或者盖章。并应在移交注册上注明：单位名称，交接日期，交接双方和监交人员的职务、姓名，移交清册页数以及需要说明的问题和意见等。

移交清册一般应当填制一式三份，交接双方各执一份，存档一份。

第三十二条　接替人员应当继续使用移交的会计账簿，不得自行另立新账，以保持会计记录的连续性。

第三十三条　会计人员临时离职或者因病不能工作且需要接替或者代理的，会计机构负责人、会计主管人员或者单位领导人必须指定有关人员接替或者代理，并办理交接手续。

临时离职或者因病不能工作的会计人员恢复工作的，应当与接替或者代理人员办理交接手续。

移交人员因病或者其他特殊原因不能亲自办理移交的，经单位领导人批准，可由移交人员委托他人代办移交，但委托人应当承担本规范第三十五条规定的责任。

第三十四条　单位撤销时，必须留有必要的会计人员，会同有关人员办理清理工作，编制决算。未移交前，不得离职。接收单位和移交日期由主管部门确定。

单位合并、分立的，其会计工作交接手续比照上述有关规定办理。

第三十五条　移交人员对所移交的会计凭证、会计账簿、会计报表和其他有关资料的合法性、真实性承担法律责任。

第三章　会计核算

第一节　会计核算一般要求

第三十六条　各单位应当按照《中华人民共和国会计法》和国家统一会计制度的规定建立会计账册，进行会计核算，及时提供合法、真实、准确、完整的会计信息。

第三十七条　各单位发生的下列事项，应当及时办理会计手续、进行会计核算：

（一）款项和有价证券的收付；

（二）财物的收发、增减和使用；

（三）债权债务的发生和结算；

（四）资本、基金的增减；

（五）收入、支出、费用、成本的计算；

（六）财务成果的计算和处理；

（七）其他需要办理会计手续、进行会计核算的事项。

第三十八条　各单位的会计核算应当以实际发生的经济业务为依据，按照规定的会计处理方法进行，保证会计指标的口径一致、相互可比和会计处理方法的前后各期相一致。

第三十九条　会计年度自公历月 1 日起至 12 月 31 日止。

第四十条　会计核算以人民币为记账本位币。

收支业务以外国货币为主的单位，也可以选定某种外国货币作为记账本位币，但是编制的会计报表应当折算为人民币反映。

境外单位向国内有关部门编报的会计报表，应当折算为人民币反映。

第四十一条　各单位根据国家统一会计制度的要求，在不影响会计核算要求、会计报表指标汇总和对外统一会计报表的前提下，可以根据实际情况自行设置和使用会计科目。

事业行政单位会计科目的设置和使用，应当符合国家统一事业行政单位会计制度的规定。

第四十二条　会计凭证、会计账簿、会计报表和其他会计资料的内容和要求必须符合国家统一会计制度的规定，不得伪造、变造会计凭证和会计账簿，不得设置账外账，不得报送虚假会计报表。

第四十三条　各单位对外报送的会计报表格式由财政部统一规定。

第四十四条　实行会计电算化的单位，对使用的会计软件及其生成的会计凭证、会计账簿、会计报表和其他会计资料的要求，应当符合财政部关于会计电算化的有关规定。

第四十五条　各单位的会计凭证、会计账簿、会计报表和其他会计资料，应当建立档案，妥善保管。会计档案建档要求、保管期限、销毁办法等依据《会计档案管理办法》的规定进行。

实行会计电算化的单位，有关电子数据、会计软件资料等应当作为会计档案进行管理。

第四十六条　会计记录的文字应当使用中文，少数民族自治地区可以同时使用少数民族文字。中国境内的外商投资企业、外国企业和其他外国经济组织也可以同时使用某种外国文字。

第二节　填制会计凭证

第四十七条　各单位办理本规范第三十七条规定的事项，必须取得或者填制原始凭证，并及时送交会计机构。

第四十八条　原始凭证的基本要求是：

（一）原始凭证的内容必须具备：凭证的名称，填制凭证的日期，填制凭证单位名称或者填制人姓名，经办人员的签名或者盖章，接受凭证单位名称，经济业务内容，数量、单价和金额。

（二）从外单位取得的原始凭证，必须盖有填制单位的公章；从个人取得的原始凭证，必须有填制人员的签名或者盖章。自制原始凭证必须有经办单位领导人或者其指定的人员签名或者盖章。对外开出的原始凭证，必须加盖本单位公章。

（三）凡填有大写和小写金额的原始凭证，大写与小写金额必须相符。购买实物的原始凭证，必须有验收证明。支付款项的原始凭证，必须有收款单位和收款人的收款证明。

（四）一式几联的原始凭证，应当注明各联的用途，只能以一联作为报销凭证。

一式几联的发票和收据，必须用双面复写纸（发票和收据本身具备复写纸功能的除外）套写，并连续编号。作废时应当加盖“作废”戳记，连同存根一起保存，不得撕毁。

（五）发生销货退回的，除填制退货发票外，还必须有退货验收证明；退款时，必须取得对方的收款收据或者汇款银行的凭证，不得以退货发票代替收据。

（六）职工公出借款凭据，必须附在记账凭证之后。收回借款时，应当另开收据或者退还借据副本，不得退还原借款收据。

（七）经上级有关部门批准的经济业务，应当将批准文件作为原始凭证附件。如果批准文件需要单独归档的，应当在凭证上注明批准机关名称、日期和文件字号。

第四十九条　原始凭证不得涂改、挖补。发现原始凭证有错误的，应当由开出单位重开或者更正，更正处应当加盖开出单位的公章。

第五十条　会计机构、会计人员要根据审核无误的原始凭证填制记账凭证。

记账凭证可以分为收款凭证、付款凭证和转账凭证，也可以使用通用记账凭证。

第五十一条　记账凭证的基本要求是：

（一）记账凭证的内容必须具备：填制凭证的日期；凭证编号；经济业务摘要；会计科目；金额；所附原始凭证张数；填制凭证人员、稽核人员、记账人员、会计机构负责人、会计主管人员签名或者盖章。收款和付款记账凭证还应当由出纳人员签名或者盖章。

以自制的原始凭证或者原始凭证汇总表代替记账凭证的，也必须具备记账凭证应有的项目。

（二）填制记账凭证时，应当对记账凭证进行连续编号。一笔经济业务需要填制两张以上记账凭证的，可以采用分数编号法编号。

（三）记账凭证可以根据每一张原始凭证填制，或者根据若干张同类原始凭证汇总填制，也可以根据原始凭证汇总表填制。但不得将不同内容和类别的原始凭证汇总填制在一张记账凭证上。

（四）除结账和更正错误的记账凭证可以不附原始凭证外，其他记账凭证必须附有原始凭证。如果一张原始凭证涉及几张记账凭证，可以把原始凭证附在一张主要的记账凭证后面，并在其他记账凭证上注明附有该原始凭证的记账凭证编号或者附原始凭证复印件。

一张复始凭证所列支出需要几个单位共同负担的，应当将其他单位负担的部分，开给对方原始凭证分割单，进行结算。原始凭证分割单必须具备原始凭证的基本内容：凭证名称，填制凭证日期，填制凭证单位名称或者填制人姓名，经办人的签名或者盖章，接受凭证单位名称，经济业务内容、数量、单价、金额和费用分摊情况等。

（五）如果在填制记账凭证时发生错误，应当重新填制。

已经登记入账的记账凭证，在当年内发现填写错误时，可以用红字填写一张与原内容相同的记账凭证，在摘要栏注明“注销某月某日某号凭证”字样，同时再用蓝字重新填制一张正确的记账凭证，注明“订正某月某日某号凭证”字样。如果会计科目没有错误，只是金额错误，也可以将正确数字与错误数字之间的差额，另编一张调整的记账凭证，调增金额用蓝字，调减金额用红字。发现以前年度记账凭证有错误的，应当用蓝字填制一张更正的记账凭证。

（六）记账凭证填制完经济业务事项后，如有空行，应当自金额栏最后一笔金额数字下的空行处至合计数上的空行处划线注销。

第五十二条 填制会计凭证，字迹必须清晰、工整，并符合下列要求：

（一）阿拉伯数字应当一个一个地写，不得连笔写。阿拉伯金额数字前面应当书写货币币种符号或者货币名称简写和币种符号。币种符号与阿拉伯金额数字之间不得留有空白。凡阿拉伯数字前写有币种符号的，数字后面不再写货币单位。

（二）所有以元为单位（其他货币种类为货币基本单位，下同）的阿拉伯数字，除表示单价等情况外，一律填写到角分；无角分的，角位和分位可写“00”，或者符号“——”；有角无分的，分位应当写“0”，不得用符号“——”代替。

（三）汉字大写数字金额如零、壹、贰、叁、肆、伍、陆、柒、捌、玖、拾、佰、仟、万、亿等，一律用正楷或者行书体书写，不得用0、一、二、三、四、五、六、七、八、九、十等简化字代替，不得任意自造简化字。大写金额数字到元或者角为止的，在“元”或者“角”字之后应当写“整”字或者“正”字；大写金额数字有分的，分字后面不写“整”或者“正”字。

（四）大写金额数字前未印有货币名称的，应当加填货币名称，货币名称与金额数字之间不得留有空白。

（五）阿拉伯金额数字中间有“0”时，汉字大写金额要写“零”字；阿拉伯数字金额中间连续有几个“0”时，汉字大写金额中可以只写一个“零”字；阿拉伯金额数字元位是“0”，或者数字中间连续有几个“0”、元位也是“0”但角位不是“0”时，汉字大写金额可以只写一个“零”字，也可以不写“零”字。

第五十三条　实行会计电算化的单位，对于机制记账凭证，要认真审核，做到会计科目使用正确，数字准确无误。打印出的机制记账凭证要加盖制单人员、审核人员、记账人员及会计机构负责人、会计主管人员印章或者签字。

第五十四条　各单位会计凭证的传递程序应当科学、合理，具体办法由各单位根据会计业务需要自行规定。

第五十五条　会计机构、会计人员要妥善保管会计凭证。

（一）会计凭证应当及时传递，不得积压。

（二）会计凭证登记完毕后，应当按照分类和编号顺序保管，不得散乱丢失。

（三）记账凭证应当连同所附的原始凭证或者原始凭证汇总表，按照编号顺序，折叠整齐，按期装订成册，并加具封面，注明单位名称、年度、月份和起讫日期、凭证种类、起讫号码，由装订人在装订线封签外签名或者盖章。

对于数量过多的原始凭证，可以单独装订保管，在封面上注明记账凭证日期、编号、种类，同时在记账凭证上注明“附件另订”和原始凭证名称及编号。

各种经济合同、存出保证金收据以及涉外文件等重要原始凭证，应当另编目录，单独登记保管，并在有关的记账凭证和原始凭证上相互注明日期和编号。

（四）原始凭证不得外借，其他单位如因特殊原因需要使用原始凭证时，经本单位会计机构负责人、会计主管人员批准，可以复制。向外单位提供的原始凭证复制件，应当在专设的登记簿上登记，并由提供人员和收取人员共同签名或者盖章。

（五）从外单位取得的原始凭证如有遗失，应当取得原开出单位盖有公章的证明，并注明原来凭证的号码、金额和内容等，由经办单位会计机构负责人、会计主管人员和单位领导人批准后，才能代作原始凭证。如果确实无法取得证明的，如火车、轮船、飞机票等凭证，由当事人写出详细情况，由经办单位会计机构负责人、会计主管人员和单位领导人批准后，代作原始凭证。

第三节　登记会计账簿

第五十六条　各单位应当按照国家统一会计制度的规定和会计业务的需要设置会计账簿。会计账簿包括总账、明细账、日记账和其他辅助性账簿。

第五十七条　现金日记账和银行存款日记账必须采用订本式账簿。不得用银行对账单或者其他方法代替日记账。

第五十八条　实行会计电算化的单位，用计算机打印的会计账簿必须连续编号，经审核无误后装订成册，并由记账人员和会计机构负责人、会计主管人员签字或者盖章。

第五十九条　启用会计账簿时，应当在账簿封面上写明单位名称和账簿名称。在账簿扉页上应当附启用表，内容包括：启用日期、账簿页数、记账人员和会计机构负责人、会计主管人员姓名，并加盖名章和单位公章。记账人员或者会计机构负责人、会计主管人员调动工作时，应当注明交接日期、接办人员或者监交人员姓名，并由交接双方人员签名或者盖章。

启用订本式账簿，应当从第一页到最后一页顺序编定页数，不得跳页、缺号。使用活页式账页，应当按账户顺序编号，并须定期装订成册。装订后再按实际使用的账页顺序编定页码。另加目录，记明每个账户的名称和页次。

第六十条　会计人员应当根据审核无误的会计凭证登记会计账簿。登记账簿的基本要求是：

（一）登记会计账簿时，应当将会计凭证日期、编号、业务内容摘要、金额和其他有关资料逐项记入账内，做到数字准确、摘要清楚、登记及时、字迹工整。

（二）登记完毕后，要在记账凭证上签名或者盖章，并注明已经登账的符号，表示已经记账。

（三）账簿中书写的文字和数字上面要留有适当空格，不要写满格；一般应占格距的1/2。

（四）登记账簿要用蓝黑墨水或者碳素墨水书写，不得使用圆珠笔（银行的复写账簿除外）或者铅笔书写。

（五）下列情况，可以用红色墨水记账：

1. 按照红字冲账的记账凭证，冲销错误记录；

2. 在不设借贷等栏的多栏式账页中，登记减少数；

3. 在三栏式账户的余额栏前，如未印明余额方向的，在余额栏内登记负数余额；

4. 根据国家统一会计制度的规定可以用红字登记的其他会计记录。

（六）各种账簿按页次顺序连续登记，不得跳行、隔页。如果发生跳行、隔页，应当将空行、空页划线注销，或者注明“此行空白”“此页空白”字样，并由记账人员签名或者盖章。

（七）凡需要结出余额的账户，结出余额后，应当在“借或贷”等栏内写明“借”或者“贷”等字样。没有余额的账户，应当在“借或贷”等栏内写“平”

字，并在余额栏内用“Q”表示。

现金日记账和银行存款日记账必须逐日结出余额。

（八）每一账页登记完毕结转下页时，应当结出本页合计数及余额，写在本页最后一行和下页第一行有关栏内，并在摘要栏内注明“过次页”和“承前页”字样；也可以将本页合计数及金额只写在下页第一行有关栏内，并在摘要栏内注明“承前页”字样。

对需要结计本月发生额的账户，结计“过次页”的本页合计数应当为自本月初起至本页末止的发生额合计数；对需要结计本年累计发生额的账户，结计“过次页”的本页合计数应当为自年初起至本页末止的累计数；对既不需要结计本月发生额也不需要结计本年累计发生额的账户，可以只将每页末的余额结转次页。

第六十一条　账簿记录发生错误，不准涂改、挖补、刮擦或者用药水消除字迹，不准重新抄写，必须按照下列方法进行更正：

（一）登记账簿时发生错误，应当将错误的文字或者数字划红线注销，但必须使原有字迹仍可辨认；然后在划线上方填写正确的文字或者数字，并由记账人员在更正处盖章。对于错误的数字，应当全部划红线更正，不得只更正其中的错误数字。对于文字错误，可只划去错误的部分。

（二）由于记账凭证错误而使账簿记录发生错误，应当按更正的记账凭证登记账簿。

第六十二条　各单位应当定期对会计账簿记录的有关数字与库存实物、货币资金、有价证券、往来单位或者个人等进行相互核对，保证账证相符、账账相符、账实相符。对账工作每年至少进行一次。

（一）账证核对。核对会计账簿记录与原始凭证、记账凭证的时间、凭证字号、内容、金额是否一致，记账方向是否相符。

（二）账账核对。核对不同会计账簿之间的账簿记录是否相符，包括：总账有关账户的余额核对，总账与明细账核对，总账与日记账核对，会计部门的财产物资明细账与财产物资保管和使用部门的有关明细账核对等。

（三）账实核对。核对会计账簿记录与财产等实有数额是否相符。包括：现金日记账账面余额与现金实际库存数相核对；银行存款日记账账面余额定期与银行对账单相核对；各种财物明细账账面余额与财物实存数额相核对；各种应收、应付款明细账账面余额与有关债务、债权单位或者个人核对等。

第六十三条　各单位应当按照规定定期结账。

（一）结账前，必须将本期内所发生的各项经济业务全部登记入账。

（二）结账时，应当结出每个账户的期末余额。需要结出当月发生额的，应当在摘要栏内注明“本月合计”字样，并在下面通栏划单红线。需要结出本年累计发生额的，应当在摘要栏内注明“本年累计”字样，并在下面通栏划单红线；12 月末的“本年累计”就是全年累计发生额。全年累计发生额下面应当通栏划双红线。年度终了结账时，所有总账账户都应当结出全年发生额和年末余额。

（三）年度终了，要把各账户的余额结转到下一会计年度，并在摘要栏注明“结转下年”字样；在下一会计年度新建有关会计账簿的第一行余额栏内填写上年结转的余额，并在摘要栏注明“上年结转”字样。

第四节 编制财务报告

第六十四条 各单位必须按照国家统一会计制度的规定，定期编制财务报告。

财务报告包括会计报表及其说明。会计报表包括会计报表主表、会计报表附表、会计报表附注。

第六十五条 各单位对外报送的财务报告应当根据国家统一会计制度规定的格式和要求编制。

单位内部使用的财务报告，其格式和要求由各单位自行规定。

第六十六条 会计报表应当根据登记完整、核对无误的会计账簿记录和其他有关资料编制，做到数字真实、计算准确、内容完整、说明清楚。

任何人不得篡改或者授意、指使、强令他人篡改会计报表的有关数字。

第六十七条 会计报表之间、会计报表各项目之间，凡有对应关系的数字，应当相互一致。本期会计报表与上期会计报表之间有关的数字应当相互衔接。如果不同会计年度会计报表中各项目的内容和核算方法有变更的，应当在年度会计报表中加以说明。

第六十八条 各单位应当按照国家统一会计制度的规定认真编写会计报表附注及其说明，做到项目齐全，内容完整。

第六十九条 各单位应当按照国家规定的期限对外报送财务报告。

对外报送的财务报告，应当依次编写页码，加具封面，装订成册，加盖公章。封面上应当注明：单位名称，单位地址，财务报告所属年度、季度、月度，送出日期，并由单位领导人、总会计师、会计机构负责人、会计主管人员签名或者盖章。

单位领导人对财务报告的合法性、真实性负法律责任。

第七十条 根据法律和国家有关规定应当对财务报告进行审计的，财务报告编制单位应当先行委托注册会计师进行审计，并将注册会计师出具的审计报告随同财务报告按照规定的期限报送有关部门。

第七十一条　如果发现对外报送的财务报告有错误，应当及时办理更正手续。除更正本单位留存的财务报告外，并应同时通知接受财务报告的单位更正。错误较多的，应当重新编报。

第四章　会计监督

第七十二条　各单位的会计机构、会计人员对本单位的经济活动进行会计监督。

第七十三条　会计机构、会计人员进行会计监督的依据是：

（一）财经法律、法规、规章；

（二）会计法律、法规和国家统一会计制度；

（三）各省、自治区、直辖市财政厅（局）和国务院业务主管部门根据《中华人民共和国会计法》和国家统一会计制度制定的具体实施办法或者补充规定；

（四）各单位根据《中华人民共和国会计法》和国家统一会计制度制定的单位内部会计管理制度；

（五）各单位内部的预算、财务计划、经济计划、业务计划等。

第七十四条　会计机构、会计人员应当对原始凭证进行审核和监督。

对不真实、不合法的原始凭证，不予受理。对弄虚作假、严重违法的原始凭证，在不予受理的同时，应当予以扣留，并及时向单位领导人报告，请求查明原因，追究当事人的责任。对记载不准确、不完整的原始凭证，予以退回，要求经办人员更正、补充。

第七十五条　会计机构、会计人员对伪造、变造、故意毁灭会计账簿或者账外设账行为，应当制止和纠正；制止和纠正无效的，应当向上级主管单位报告，请求作出处理。

第七十六条　会计机构、会计人员应当对实物、款项进行监督，督促建立并严格执行财产清查制度。发现账簿记录与实物、款项不符时，应当按照国家有关规定进行处理。超出会计机构、会计人员职权范围的，应当立即向本单位领导报告，请求查明原因，作出处理。

第七十七条　会计机构、会计人员对指使、强令编造、篡改财务报告行为，应当制止和纠正；制止和纠正无效的，应当向上级主管单位报告，请求处理。

第七十八条　会计机构、会计人员应当对财务收支进行监督。

（一）对审批手续不全的财务收支，应当退回，要求补充、更正。

（二）对违反规定不纳入单位统一会计核算的财务收支，应当制止和纠正。

（三）对违反国家统一的财政、财务、会计制度规定的财务收支，不予办理。

（四）对认为是违反国家统一的财政、财务、会计制度规定的财务收支，应当制止和纠正；制止和纠正无效的，应当向单位领导人提出书面意见请求处理。

单位领导人应当在接到书面意见起十日内作出书面决定，并对决定承担责任。

（五）对违反国家统一的财政、财务、会计制度规定的财务收支，不予制止和纠正，又不向单位领导人提出书面意见的，也应当承担责任。

（六）对严重违反国家利益和社会公众利益的财务收支，应当向主管单位或者财政、审计、税务机关报告。

第七十九条　会计机构、会计人员对违反单位内部会计管理制度的经济活动，应当制止和纠正；制止和纠正无效的，向单位领导人报告，请求处理。

第八十条　会计机构、会计人员应当对单位制定的预算、财务计划、经济计划、业务计划的执行情况进行监督。

第八十一条　各单位必须依照法律和国家有关规定接受财政、审计、税务等机关的监督，如实提供会计凭证、会计账簿、会计报表和其他会计资料以及有关情况、不得拒绝、隐匿、谎报。

第八十二条　按照法律规定应当委托注册会计师进行审计的单位，应当委托注册会计师进行审计，并配合注册会计师的工作，如实提供会计凭证、会计账簿、会计报表和其他会计资料以及有关情况，不得拒绝、隐匿、谎报，不得示意注册会计师出具不当的审计报告。

第五章　内部会计管理制度

第八十三条　各单位应当根据《中华人民共和国会计法》和国家统一会计制度的规定，结合单位类型和内容管理的需要，建立健全相应的内部会计管理制度。

第八十四条　各单位制定内部会计管理制度应当遵循下列原则：

（一）应当执行法律、法规和国家统一的财务会计制度。

（二）应当体现本单位的生产经营、业务管理的特点和要求。

（三）应当全面规范本单位的各项会计工作，建立健全会计基础，保证会计工作的有序进行。

（四）应当科学、合理，便于操作和执行。

（五）应当定期检查执行情况。

（六）应当根据管理需要和执行中的问题不断完善。

第八十五条　各单位应当建立内部会计管理体系。主要内容包括：单位领导人、总会计师对会计工作的领导职责；会计部门及其会计机构负责人、会计主管人员的职责、权限；会计部门与其他职能部门的关系；会计核算的组织形式等。

第八十六条　各单位应当建立会计人员岗位责任制度。主要内容包括：会计人员的工作岗位设置；各会计工作岗位的职责和标准；各会计工作岗位的人员和具体分工；会计工作岗位轮换办法；对各会计工作岗位的考核办法。

第八十七条　各单位应当建立账务处理程序制度。主要内容包括：会计科目及其明细科目的设置和使用；会计凭证的格式、审核要求和传递程序；会计核算方法；会计账簿的设置；编制会计报表的种类和要求；单位会计指标体系。

第八十八条　各单位应当建立内部牵制制度。主要内容包括：内部牵制制度的原则；组织分工；出纳岗位的职责和限制条件；有关岗位的职责和权限。

第八十九条　各单位应当建立稽核制度。主要内容包括：稽核工作的组织形式和具体分工；稽核工作的职责、权限；审核会计凭证和复核会计账簿、会计报表的方法。

第九十条　各单位应当建立原始记录管理制度。主要内容包括：原始记录的内容和填制方法；原始记录的格式；原始记录的审核；原始记录填制人的责任；原始记录签署、传递、汇集要求。

第九十一条　各单位应当建立定额管理制度。主要内容包括：定额管理的范围；制定和修订定额的依据、程序和方法；定额的执行；定额考核和奖惩办法等。

第九十二条　各单位应当建立计量验收制度。主要内容包括：计量检测手段和方法；计量验收管理的要求；计量验收人员的责任和奖惩办法。

第九十三条　各单位应当建立财产清查制度。主要内容包括：财产清查的范围；财产清查的组织；财产清查的期限和方法；对财产清查中发现问题的处理办法；对财产管理人员的奖惩办法。

第九十四条　各单位应当建立财务收支审批制度。主要内容包括：财务收支审批人员和审批权限；财务收支审批程序；财务收支审批人员的责任。

第九十五条　实行成本核算的单位应当建立成本核算制度。主要内容包括：成本核算的对象；成本核算的方法和程序；成本分析等。

第九十六条　各单位应当建立财务会计分析制度。主要内容包括：财务会计分析的主要内容；财务会计分析的基本要求和组织程序；财务会计分析的具体方法；财务会计分析报告的编写要求等。

第六章　附　　则

第九十七条　本规范所称国家统一会计制度，是指由财政部制定，或者财政部与国务院有关部门联合制定，或者经财政部审核批准的在全国范围内统一执行的会计规章、准则、办法等规范性文件。

本规范所称会计主管人员，是指不设置会计机构、只在其他机构中设置专职会计人员的单位行使会计机构负责人职权的人员。

本规范第三章第二节和第三节关于填制会计凭证、登记会计账簿的规定，除特别指出外，一般适用于手工记账。实行会计电算化的单位，填制会计凭证和登记会计账簿的有关要求，应当符合财政部关于会计电算化的有关规定。

第九十八条　各省、自治区、直辖市财政厅（局）、国务院各业务主管部门可以根据本规范的原则，结合本地区、本部门的具体情况，制定具体实施办法，报财政部备案。

第九十九条　本规范由财政部负责解释、修改。

第一百条　本规范自公布之日起实施。1984 年 4 月 24 日财政部发布的《会计人员工作规则》同时废止。

人民币银行结算账户管理办法

第一章　总　　则

第一条　为规范人民币银行结算账户（以下简称银行结算账户）的开立和使用，加强银行结算账户管理，维护经济金融秩序稳定，根据《中华人民共和国中国人民银行法》和《中华人民共和国商业银行法》等法律法规，制定本办法。

第二条　存款人在中国境内的银行开立的银行结算账户适用本办法。

本办法所称存款人，是指在中国境内开立银行结算账户的机关、团体、部队、企业、事业单位、其他组织（以下统称单位）、个体工商户和自然人。

本办法所称银行，是指在中国境内经中国人民银行批准经营支付结算业务的政策性银行、商业银行（含外资独资银行、中外合资银行、外国银行分行）、城市信用合作社、农村信用合作社。

本办法所称银行结算账户，是指银行为存款人开立的办理资金收付结算的人民币活期存款账户。

第三条　银行结算账户按存款人分为单位银行结算账户和个人银行结算账户。

（一）存款人以单位名称开立的银行结算账户为单位银行结算账户。单位银行结算账户按用途分为基本存款账户、一般存款账户、专用存款账户、临时存款账户。

个体工商户凭营业执照以字号或经营者姓名开立的银行结算账户纳入单位银行结算账户管理。

（二）存款人凭个人身份证件以自然人名称开立的银行结算账户为个人银行结算账户。

邮政储蓄机构办理银行卡业务开立的账户纳入个人银行结算账户管理。

第四条　单位银行结算账户的存款人只能在银行开立一个基本存款账户。

第五条　存款人应在注册地或住所地开立银行结算账户。符合本办法规定可以在异地（跨省、市、县）开立银行结算账户的除外。

第六条　存款人开立基本存款账户、临时存款账户和预算单位开立专用存款账户实行核准制度，经中国人民银行核准后由开户银行核发开户登记证。但存款人因注册验资需要开立的临时存款账户除外。

第七条　存款人可以自主选择银行开立银行结算账户。除国家法律、行政法规和国务院规定外，任何单位和个人不得强令存款人到指定银行开立银行结算账户。

第八条　银行结算账户的开立和使用应当遵守法律、行政法规，不得利用银行结算账户进行偷逃税款、逃废债务、套取现金及其他违法犯罪活动。

第九条　银行应依法为存款人的银行结算账户信息保密。对单位银行结算账户的存款和有关资料，除国家法律、行政法规另有规定外，银行有权拒绝任何单位或个人查询。对个人银行结算账户的存款和有关资料，除国家法律另有规定外，银行有权拒绝任何单位或个人查询。

第十条　中国人民银行是银行结算账户的监督管理部门。

第二章　银行结算账户的开立

第十一条　基本存款账户是存款人因办理日常转账结算和现金收付需要开立的银行结算账户。下列存款人，可以申请开立基本存款账户：

（一）企业法人。

（二）非法人企业。

（三）机关、事业单位。

（四）团级（含）以上军队、武警部队及分散执勤的支（分）队。

（五）社会团体。

（六）民办非企业组织。

（七）异地常设机构。

（八）外国驻华机构。

（九）个体工商户。

（十）居民委员会、村民委员会、社区委员会。

（十一）单位设立的独立核算的附属机构。

（十二）其他组织。

第十二条　一般存款账户是存款人因借款或其他结算需要，在基本存款账户开户银行以外的银行营业机构开立的银行结算账户。

第十三条　专用存款账户是存款人按照法律、行政法规和规章，对其特定用途资金进行专项管理和使用而开立的银行结算账户。对下列资金的管理与使用，存款人可以申请开立专用存款账户：

（一）基本建设资金。

（二）更新改造资金。

（三）财政预算外资金。

（四）粮、棉、油收购资金。

（五）证券交易结算资金。

（六）期货交易保证金。

（七）信托基金。

（八）金融机构存放同业资金。

（九）政策性房地产开发资金。

（十）单位银行卡备用金。

（十一）住房基金。

（十二）社会保障基金。

（十三）收入汇缴资金和业务支出资金。

（十四）党、团、工会设在单位的组织机构经费。

（十五）其他需要专项管理和使用的资金。

收入汇缴资金和业务支出资金，是指基本存款账户存款人附属的非独立核算单位或派出机构发生的收入和支出的资金。

因收入汇缴资金和业务支出资金开立的专用存款账户，应使用隶属单位的名称。

第十四条　临时存款账户是存款人因临时需要并在规定期限内使用而开立的银行结算账户。有下列情况的，存款人可以申请开立临时存款账户：

（一）设立临时机构。

（二）异地临时经营活动。

（三）注册验资。

第十五条　个人银行结算账户是自然人因投资、消费、结算等而开立的可办理支付结算业务的存款账户。有下列情况的，可以申请开立个人银行结算账户：

（一）使用支票、信用卡等信用支付工具的。

（二）办理汇兑、定期借记、定期贷记、借记卡等结算业务的。

自然人可根据需要申请开立个人银行结算账户，也可以在已开立的储蓄账户中选择并向开户银行申请确认为个人银行结算账户。

第十六条　存款人有下列情形之一的，可以在异地开立有关银行结算账户：

（一）营业执照注册地与经营地不在同一行政区域（跨省、市、县）需要开立基本存款账户的。

（二）办理异地借款和其他结算需要开立一般存款账户的。

（三）存款人因附属的非独立核算单位或派出机构发生的收入汇缴或业务支出需要开立专用存款账户的。

（四）异地临时经营活动需要开立临时存款账户的。

（五）自然人根据需要在异地开立个人银行结算账户的。

第十七条　存款人申请开立基本存款账户，应向银行出具下列证明文件：

（一）企业法人，应出具企业法人营业执照正本。

（二）非法人企业，应出具企业营业执照正本。

（三）机关和实行预算管理的事业单位，应出具政府人事部门或编制委员会的批文或登记证书和财政部门同意其开户的证明；非预算管理的事业单位，应出具政府人事部门或编制委员会的批文或登记证书。

（四）军队、武警团级（含）以上单位以及分散执勤的支（分）队，应出具军队军级以上单位财务部门、武警总队财务部门的开户证明。

（五）社会团体，应出具社会团体登记证书，宗教组织还应出具宗教事务管理部门的批文或证明。

（六）民办非企业组织，应出具民办非企业登记证书。

（七）外地常设机构，应出具其驻在地的政府主管部门批文。

（八）外国驻华机构，应出具国家有关主管部门的批文或证明；外资企业驻华代表处、办事处应出具国家登记机关颁发的登记证。

（九）个体工商户，应出具个体工商户营业执照正本。

（十）居民委员会、村民委员会、社区委员会，应出具其主管部门的批文或证明。

（十一）独立核算的附属机构，应出具其主管部门的基本存款账户开户登记证和批文。

（十二）其他组织，应出具政府主管部门的批文或证明。

本条中的存款人为从事生产、经营活动纳税人的，还应出具税务部门颁发的税务登记证。

第十八条　存款人申请开立一般存款账户，应向银行出具其开立基本存款账户规定的证明文件、基本存款账户开户登记证和下列证明文件：

（一）存款人因向银行借款需要，应出具借款合同。

（二）存款人因其他结算需要，应出具有关证明。

第十九条　存款人申请开立专用存款账户，应向银行出具其开立基本存款账户规定的证明文件、基本存款账户开户登记证和下列证明文件：

（一）基本建设资金、更新改造资金、政策性房地产开发资金、住房基金、社会保障基金，应出具主管部门批文。

（二）财政预算外资金，应出具财政部门的证明。

（三）粮、棉、油收购资金，应出具主管部门批文。

（四）单位银行卡备用金，应按照中国人民银行批准的银行卡章程的规定出具有关证明和资料。

（五）证券交易结算资金，应出具证券公司或证券管理部门的证明。

（六）期货交易保证金，应出具期货公司或期货管理部门的证明。

（七）金融机构存放同业资金，应出具其证明。

（八）收入汇缴资金和业务支出资金，应出具基本存款账户存款人有关的证明。

（九）党、团、工会设在单位的组织机构经费，应出具该单位或有关部门的批文或证明。

（十）其他按规定需要专项管理和使用的资金，应出具有关法规、规章或政府部门的有关文件。

第二十条　合格境外机构投资者在境内从事证券投资开立的人民币特殊账户和人民币结算资金账户纳入专用存款账户管理。其开立人民币特殊账户时应出具国家外汇管理部门的批复文件，开立人民币结算资金账户时应出具证券管理部门的证券投资业务许可证。

第二十一条　存款人申请开立临时存款账户，应向银行出具下列证明文件：

（一）临时机构，应出具其驻在地主管部门同意设立临时机构的批文。

（二）异地建筑施工及安装单位，应出具其营业执照正本或其隶属单位的营业执照正本，以及施工及安装地建设主管部门核发的许可证或建筑施工及安装合同。

（三）异地从事临时经营活动的单位，应出具其营业执照正本以及临时经营地工商行政管理部门的批文。

（四）注册验资资金，应出具工商行政管理部门核发的企业名称预先核准通知书或有关部门的批文。

本条第二、三项还应出具其基本存款账户开户登记证。

第二十二条　存款人申请开立个人银行结算账户，应向银行出具下列证明文件：

（一）中国居民，应出具居民身份证或临时身份证。

（二）中国人民解放军军人，应出具军人身份证件。

（三）中国人民武装警察，应出具武警身份证件。

（四）香港、澳门居民，应出具港澳居民往来内地通行证；台湾居民，应出具台湾居民来往大陆通行证或者其他有效旅行证件。

（五）外国公民，应出具护照。

（六）法律、法规和国家有关文件规定的其他有效证件。

银行为个人开立银行结算账户时，根据需要还可要求申请人出具户口簿、驾驶执照、护照等有效证件。

第二十三条　存款人需要在异地开立单位银行结算账户，除出具本办法第十七条、十八条、十九条、二十一条规定的有关证明文件外，应出具下列相应的证明文件：

（一）经营地与注册地不在同一行政区域的存款人，在异地开立基本存款账户的，应出具注册地中国人民银行分支行的未开立基本存款账户的证明。

（二）异地借款的存款人，在异地开立一般存款账户的，应出具在异地取得贷款的借款合同。

（三）因经营需要在异地办理收入汇缴和业务支出的存款人，在异地开立专用存款账户的，应出具隶属单位的证明。

属本条第二、三项情况的，还应出具其基本存款账户开户登记证。

存款人需要在异地开立个人银行结算账户，应出具本办法第二十二条规定的证明文件。

第二十四条　单位开立银行结算账户的名称应与其提供的申请开户的证明文件的名称全称相一致。有字号的个体工商户开立银行结算账户的名称应与其营业执照的字号相一致；无字号的个体工商户开立银行结算账户的名称，由“个体户”字样和营业执照记载的经营者姓名组成。自然人开立银行结算账户的名称应与其提供的有效身份证件中的名称全称相一致。

第二十五条　银行为存款人开立一般存款账户、专用存款账户和临时存款账户的，应自开户之日起3个工作日内书面通知基本存款账户开户银行。

第二十六条　存款人申请开立单位银行结算账户时，可由法定代表人或单位负责人直接办理，也可授权他人办理。

由法定代表人或单位负责人直接办理的，除出具相应的证明文件外，还应出具法定代表人或单位负责人的身份证件；授权他人办理的，除出具相应的证明文件外，还应出具其法定代表人或单位负责人的授权书及其身份证件，以及被授权人的身份证件。

第二十七条　存款人申请开立银行结算账户时，应填制开户申请书。开户申请书按照中国人民银行的规定记载有关事项。

第二十八条　银行应对存款人的开户申请书填写的事项和证明文件的真实性、完整性、合规性进行认真审查。

开户申请书填写的事项齐全，符合开立基本存款账户、临时存款账户和预算单位专用存款账户条件的，银行应将存款人的开户申请书、相关的证明文件和银行审核意见等开户资料报送中国人民银行当地分支行，经其核准后办理开户手续；符合开立一般存款账户、其他专用存款账户和个人银行结算账户条件的，银行应办理开户手续，并于开户之日起5个工作日内向中国人民银行当地分支行备案。

第二十九条　中国人民银行应于2个工作日内对银行报送的基本存款账户、临时存款账户和预算单位专用存款账户的开户资料的合规性予以审核，符合开户条件的，予以核准；不符合开户条件的，应在开户申请书上签署意见，连同有关证明文件一并退回报送银行。

第三十条　银行为存款人开立银行结算账户，应与存款人签订银行结算账户管理协议，明确双方的权利与义务。除中国人民银行另有规定的以外，应建立存款人预留签章卡片，并将签章式样和有关证明文件的原件或复印件留存归档。

第三十一条　开户登记证是记载单位银行结算账户信息的有效证明，存款人应按本办法的规定使用，并妥善保管。

第三十二条　银行在为存款人开立一般存款账户、专用存款账户和临时存款账户时，应在其基本存款账户开户登记证上登记账户名称、账号、账户性质、开户银行、开户日期，并签章。但临时机构和注册验资需要开立的临时存款账户除外。

第三章　银行结算账户的使用

第三十三条　基本存款账户是存款人的主办账户。存款人日常经营活动的资金收付及其工资、奖金和现金的支取，应通过该账户办理。

第三十四条　一般存款账户用于办理存款人借款转存、借款归还和其他结算的资金收付。该账户可以办理现金缴存，但不得办理现金支取。

第三十五条　专用存款账户用于办理各项专用资金的收付。

单位银行卡账户的资金必须由其基本存款账户转账存入。该账户不得办理现金收付业务。

财政预算外资金、证券交易结算资金、期货交易保证金和信托基金专用存款账户不得支取现金。

基本建设资金、更新改造资金、政策性房地产开发资金、金融机构存放同业资金账户需要支取现金的，应在开户时报中国人民银行当地分支行批准。中国人民银行当地分支行应根据国家现金管理的规定审查批准。

粮、棉、油收购资金、社会保障基金、住房基金和党、团、工会经费等专用存款账户支取现金应按照国家现金管理的规定办理。

收入汇缴账户除向其基本存款账户或预算外资金财政专用存款户划缴款项外，只收不付，不得支取现金。业务支出账户除从其基本存款账户拨入款项外，只付不收，其现金支取必须按照国家现金管理的规定办理。

银行应按照本条的各项规定和国家对粮、棉、油收购资金使用管理规定加强监督，对不符合规定的资金收付和现金支取，不得办理。但对其他专用资金的使用不负监督责任。

第三十六条　临时存款账户用于办理临时机构以及存款人临时经营活动发生的资金收付。

临时存款账户应根据有关开户证明文件确定的期限或存款人的需要确定其有效期限。存款人在账户的使用中需要延长期限的，应在有效期限内向开户银行提出申请，并由开户银行报中国人民银行当地分支行核准后办理展期。临时存款账户的有效期最长不得超过 2 年。

临时存款账户支取现金，应按照国家现金管理的规定办理。

第三十七条 注册验资的临时存款账户在验资期间只收不付，注册验资资金的汇缴人应与出资人的名称一致。

第三十八条 存款人开立单位银行结算账户，自正式开立之日起 3 个工作日后，方可办理付款业务。但注册验资的临时存款账户转为基本存款账户和因借款转存开立的一般存款账户除外。

第三十九条 个人银行结算账户用于办理个人转账收付和现金存取。下列款项可以转入个人银行结算账户：

（一）工资、奖金收入。

（二）稿费、演出费等劳务收入。

（三）债券、期货、信托等投资的本金和收益。

（四）个人债权或产权转让收益。

（五）个人贷款转存。

（六）证券交易结算资金和期货交易保证金。

（七）继承、赠与款项。

（八）保险理赔、保费退还等款项。

（九）纳税退还。

（十）农、副、矿产品销售收入。

（十一）其他合法款项。

第四十条 单位从其银行结算账户支付给个人银行结算账户的款项，每笔超过 5 万元的，应向其开户银行提供下列付款依据：

（一）代发工资协议和收款人清单。

（二）奖励证明。

（三）新闻出版、演出主办等单位与收款人签订的劳务合同或支付给个人款项的证明。

（四）证券公司、期货公司、信托投资公司、奖券发行或承销部门支付或退还给自然人款项的证明。

（五）债权或产权转让协议。

（六）借款合同。

（七）保险公司的证明。

（八）税收征管部门的证明。

（九）农、副、矿产品购销合同。

（十）其他合法款项的证明。

从单位银行结算账户支付给个人银行结算账户的款项应纳税的，税收代扣单位付款时应向其开户银行提供完税证明。

第四十一条　有下列情形之一的，个人应出具本办法第四十条规定的有关收款依据。

（一）个人持出票人为单位的支票向开户银行委托收款，将款项转入其个人银行结算账户的。

（二）个人持申请人为单位的银行汇票和银行本票向开户银行提示付款，将款项转入其个人银行结算账户的。

第四十二条　单位银行结算账户支付给个人银行结算账户款项的，银行应按第四十条、第四十一条规定认真审查付款依据或收款依据的原件，并留存复印件，按会计档案保管。未提供相关依据或相关依据不符合规定的，银行应拒绝办理。

第四十三条　储蓄账户仅限于办理现金存取业务，不得办理转账结算。

第四十四条　银行应按规定与存款人核对账务。银行结算账户的存款人收到对账单或对账信息后，应及时核对账务并在规定期限内向银行发出对账回单或确认信息。

第四十五条　存款人应按照本办法的规定使用银行结算账户办理结算业务。

存款人不得出租、出借银行结算账户，不得利用银行结算账户套取银行信用。

第四章　银行结算账户的变更与撤销

第四十六条　存款人更改名称，但不改变开户银行及账号的，应于5个工作日内向开户银行提出银行结算账户的变更申请，并出具有关部门的证明文件。

第四十七条　单位的法定代表人或主要负责人、住址以及其他开户资料发生变更时，应于5个工作日内书面通知开户银行并提供有关证明。

第四十八条　银行接到存款人的变更通知后，应及时办理变更手续，并于2个工作日内向中国人民银行报告。

第四十九条　有下列情形之一的，存款人应向开户银行提出撤销银行结算账户的申请：

（一）被撤并、解散、宣告破产或关闭的。

（二）注销、被吊销营业执照的。

（三）因迁址需要变更开户银行的。

（四）其他原因需要撤销银行结算账户的。

存款人有本条第一、二项情形的，应于5个工作日内向开户银行提出撤销银行结算账户的申请。

本条所称撤销是指存款人因开户资格或其他原因终止银行结算账户使用的行为。

第五十条　存款人因本办法第四十九条第一、二项原因撤销基本存款账户的，存款人基本存款账户的开户银行应自撤销银行结算账户之日起2个工作日内将撤销该基本存款账户的情况书面通知该存款人其他银行结算账户的开户银行；存款人其他银行结算账户的开户银行，应自收到通知之日起2个工作日内通知存款人撤销有关银行结算账户；存款人应自收到通知之日起3个工作日内办理其他银行结算账户的撤销。

第五十一条　银行得知存款人有本办法第四十九条第一、二项情况，存款人超过规定期限未主动办理撤销银行结算账户手续的，银行有权停止其银行结算账户的对外支付。

第五十二条　未获得工商行政管理部门核准登记的单位，在验资期满后，应向银行申请撤销注册验资临时存款账户，其账户资金应退还给原汇款人账户。注册验资资金以现金方式存入，出资人需提取现金的，应出具缴存现金时的现金缴款单原件及其有效身份证件。

第五十三条　存款人尚未清偿其开户银行债务的，不得申请撤销该账户。

第五十四条　存款人撤销银行结算账户，必须与开户银行核对银行结算账户存款余额，交回各种重要空白票据及结算凭证和开户登记证，银行核对无误后方可办理销户手续。存款人未按规定交回各种重要空白票据及结算凭证的，应出具有关证明，造成损失的，由其自行承担。

第五十五条　银行撤销单位银行结算账户时应在其基本存款账户开户登记证上注明销户日期并签章，同时于撤销银行结算账户之日起2个工作日内，向中国人民银行报告。

第五十六条　银行对一年未发生收付活动且未欠开户银行债务的单位银行结算账户，应通知单位自发出通知之日起30日内办理销户手续，逾期视同自愿销户，未划转款项列入久悬未取专户管理。

第五章　银行结算账户的管理

第五十七条　中国人民银行负责监督、检查银行结算账户的开立和使用，对存款人、银行违反银行结算账户管理规定的行为予以处罚。

第五十八条　中国人民银行对银行结算账户的开立和使用实施监控和管理。

第五十九条　中国人民银行负责基本存款账户、临时存款账户和预算单位专用存款账户开户登记证的管理。

任何单位及个人不得伪造、变造及私自印制开户登记证。

第六十条　银行负责所属营业机构银行结算账户开立和使用的管理，监督和检查其执行本办法的情况，纠正违规开立和使用银行结算账户的行为。

第六十一条　银行应明确专人负责银行结算账户的开立、使用和撤销的审查和管理，负责对存款人开户申请资料的审查，并按照本办法的规定及时报送存款人开销户信息资料，建立健全开销户登记制度，建立银行结算账户管理档案，按会计档案进行管理。

银行结算账户管理档案的保管期限为银行结算账户撤销后10年。

第六十二条　银行应对已开立的单位银行结算账户实行年检制度，检查开立的银行结算账户的合规性，核实开户资料的真实性；对不符合本办法规定开立的单位银行结算账户，应予以撤销。对经核实的各类银行结算账户的资料变动情况，应及时报告中国人民银行当地分支行。

银行应对存款人使用银行结算账户的情况进行监督，对存款人的可疑支付应按照中国人民银行规定的程序及时报告。

第六十三条　存款人应加强对预留银行签章的管理。单位遗失预留公章或财务专用章的，应向开户银行出具书面申请、开户登记证、营业执照等相关证明文件；更换预留公章或财务专用章时，应向开户银行出具书面申请、原预留签章的式样等相关证明文件。个人遗失或更换预留个人印章或更换签字人时，应向开户银行出具经签名确认的书面申请，以及原预留印章或签字人的个人身份证件。银行应留存相应的复印件，并凭此办理预留银行签章的变更。

第六章　罚　　则

第六十四条　存款人开立、撤销银行结算账户，不得有下列行为：

（一）违反本办法规定开立银行结算账户。

（二）伪造、变造证明文件欺骗银行开立银行结算账户。

（三）违反本办法规定不及时撤销银行结算账户。

非经营性的存款人，有上述所列行为之一的，给予警告并处以1 000元的罚款；经营性的存款人有上述所列行为之一的，给予警告并处以1万元以上3万元以下的罚款；构成犯罪的，移交司法机关依法追究刑事责任。

第六十五条　存款人使用银行结算账户，不得有下列行为：

（一）违反本办法规定将单位款项转入个人银行结算账户。

（二）违反本办法规定支取现金。

（三）利用开立银行结算账户逃废银行债务。

（四）出租、出借银行结算账户。

（五）从基本存款账户之外的银行结算账户转账存入、将销货收入存入或现金存入单位信用卡账户。

（六）法定代表人或主要负责人、存款人地址以及其他开户资料的变更事项未在规定期限内通知银行。

非经营性的存款人有上述所列一至五项行为的，给予警告并处以1 000元罚款；经营性的存款人有上述所列一至五项行为的，给予警告并处以5 000元以上3万元以下的罚款；存款人有上述所列第六项行为的，给予警告并处以1 000元的罚款。

第六十六条 银行在银行结算账户的开立中，不得有下列行为：

（一）违反本办法规定为存款人多头开立银行结算账户。

（二）明知或应知是单位资金，而允许以自然人名称开立账户存储。

银行有上述所列行为之一的，给予警告，并处以5万元以上30万元以下的罚款；对该银行直接负责的高级管理人员、其他直接负责的主管人员、直接责任人员按规定给予纪律处分；情节严重的，中国人民银行有权停止对其开立基本存款账户的核准，责令该银行停业整顿或者吊销经营金融业务许可证；构成犯罪的，移交司法机关依法追究刑事责任。

第六十七条 银行在银行结算账户的使用中，不得有下列行为：

（一）提供虚假开户申请资料欺骗中国人民银行许可开立基本存款账户、临时存款账户、预算单位专用存款账户。

（二）开立或撤销单位银行结算账户，未按本办法规定在其基本存款账户开户登记证上予以登记、签章或通知相关开户银行。

（三）违反本办法第四十二条规定办理个人银行结算账户转账结算。

（四）为储蓄账户办理转账结算。

（五）违反规定为存款人支付现金或办理现金存入。

（六）超过期限或未向中国人民银行报送账户开立、变更、撤销等资料。

银行有上述所列行为之一的，给予警告，并处以5 000元以上3万元以下的罚款；对该银行直接负责的高级管理人员、其他直接负责的主管人员、直接责任人员按规定给予纪律处分；情节严重的，中国人民银行有权停止对其开立基本存款账户的核准，构成犯罪的，移交司法机关依法追究刑事责任。

第六十八条 违反本办法规定，伪造、变造、私自印制开户登记证的存款人，属非经营性的处以1 000元罚款；属经营性的处以1万元以上3万元以下的罚款；构成犯罪的，移交司法机关依法追究刑事责任。

第七章 附 则

第六十九条 开户登记证由中国人民银行总行统一式样，中国人民银行各分行、营业管理部、省会（首府）城市中心支行负责监制。

第七十条 本办法由中国人民银行负责解释、修改。

第七十一条 本办法自2003年9月1日起施行。1994年10月9日中国人民银行发布的《银行账户管理办法》同时废止。